KB096078

일본의
고대문화와
한민족

증산도상생문화총서 028

일본 고대문화와 한민족

발행일	2015년 6월 20일
지은이	김철수
펴낸곳	상생출판
주소	대전광역시 중구 중앙로 79번길 68-6
전화	070-8644-3156
팩스	0505-116-9308
홈페이지	www.sangsaengbooks.co.kr
출판등록	2005년 3월 11일(제175호)

ISBN 979-11-86122-05-1
　　　978-89-957399-1-4(세트)

일본의 고대문화와 한민족

김철수 지음

상생출판

프롤로그

몇 해 전에 인기리에 상영되었던 제임스 카메론 감독의 '아바타Avatar'라는 영화의 한 장면이 떠오른다. 인류가 발견한 생명력이 넘치는 새로운 행성 판도라의 토착민 나비Navi들에게 공동체의 위기가 발생했다. 자연의 순리에 순응하여 살아가던 나비들은 모두 공동체의 큰 나무 아래 몰려들었고, 나무를 향해 엎드려 기원했다. 하늘을 향해 높이 솟은 큰 나무 주변으로는 새들이 날아다니고 위압적인 위용을 지닌 나무에서는 꽃잎이 흩날렸다. 나무를 중심으로 한 성소聖所의 모습이었다. 인류문화의 원형사상의 핵심을 들여보는 듯했다. 바로 동북아 문화원형의 핵심인 소도문화도 이와 같은 모습이었을 것이다.

— '아바타'의 생명나무 아래서 기원하는 모습

신이 내려오는 큰 나무 아래에는 신단神壇이 세워진다. 이를 둘러싸고 성스러운 공간이 형성된다. 이곳은 천상의 최고신을 받드는 곳이다. 속세의 선과 악이 분별되지 않고 모든 세속적 판단이 정지되는 곳이다. 한 해 중에 일정한 날을 정해 하늘에 제(天祭)를 올린다. 이 때에는 최고 지도자들과 그를 따르는 모든 백성들이 모두 이곳에 모여든다. 이 과정을 통해 모두가 하나 되고 천天·지地·인人이 한 마음(一心) 되는 일체감을 확인한다. 또 이러한 성소를 중심으로 별읍別邑이라는 마을이 이루어진다. 사람들은 여기서 성소나 천제와 관련된 일을 하거나 다양한 생업에 종사하면서 평화롭게 살아간다. 4천여 년 전, 동북아의 고대 국가인 고조선에서 단군성조를 중심으로 행해졌던 소도제천蘇塗祭天의 장면이다.

그러나 안타깝게도 이러한 한민족의 성스러운 소도제천을 기록한 자료가 드물다. 중국의 일부 기록이 있긴 하지만 그 원형을 찾아보기엔 역부족이다. 다만 지금 동북아 대륙에 남아있는 유적이나, 한반도의 민속문화 자료들, 그리고 일본열도 곳곳에 남아있는 각종 민속문화에서 그 파편화된 흔적을 발견할 수 있을 뿐이다. 참으로 안타까운 일이다. 윤동주 시인의 '길'에서 느끼는 쓸쓸함과 허망함이 이런 감정이 아니었을까.

"잃어버렸습니다.

　무얼 어디다 잃었는지 몰라

　두 손이 주머니를 더듬어 길에 나아갑니다....."

　딱 이런 기분이다. 오늘에 이르느라 두고 온 어제, 그 길에 잃어버린 장면들. 아련한 추억의 한 장면으로 머물러 있는 문화원형이다. 그러나 여기서 그만 둘 수는 없다. 가고 싶은 길, 그러나 갈 수 없을지도 모를 길이다. 그러나 가야 할 길이다. 슬프면서도 반갑고, 적막하면서도 따뜻한 길이니까.

　한민족, 아니 동북아 소도문화의 원형은 어디에서 확인할 수 있을까? 더욱 안타까운 사실이 있다. 이런 많지 않은 한민족의 문화원형을 기록한 고대기록들도 식민주의 사관으로 다시 한 번 더 왜곡되어 버렸다는 사실이다. 한민족의 고대사와 근대사를 끊임없이 왜곡해온 식민주의 사관.[1] 참으로 일본의 대륙침략 제국주의는 폭력적이고 반인륜적이었다. 한민족의

----

1) 식민주의 사관은 일제 관학자들이 한국사의 부정적인 면을 강조하면서 한국침략과 지배를 정당화했던 역사관으로, 일선동조론日鮮同祖論·타율성론·정체성론으로 대표되는 사관이다. 이 사관은 고조선이 단군성조에 의해 건국된 사실을 부정하여 한국고대사의 상한선을 끌어내렸고, 한국사의 첫 장부터 식민국가로 출발했음을 강조하여 한국문화의 모방성과 외래성을 강조하였다. 서희건, 『잃어버린 역사를 찾아서』1-3, 고려원, 1988 ; 『한국사시민강좌』1집(일조각, 1989)의 "특집 : 식민주의사관 비판" ; 신복룡, 『한국정치사』, 박영사, 1982 ; 최홍규, "식민주의 사관과 극복문제," 『중앙대연구논집』3집, 1984 ; 김정배, "단군신화를 어떻게 볼 것인가", 김원룡, "삼국과 중일간의 문화교류", 『한국사의 재조명』, 1977 ; 신복룡, "한국사에 있어서의 식민지사관의 오염", 『건대문화』, 1981

생명을 무력으로 침탈했을 뿐만 아니라, 뿌리역사와 문화의 원형마저 왜곡시켜 버렸으니 말이다. 결국 불의不義한 일본은 원폭으로 주저앉았고 열도로 퇴각했다. 그 때 일왕日王은 '대동아전쟁 종결에 관한 조서詔書'에서 이렇게 말했다. "적(미국-필자)은 잔학한 폭탄을 사용해 무고한 백성들을 살상하고 침해가 헤아릴 수 없음에 이르렀다. ...... 기어이 우리민족(일본민족-필자)의 멸망을 초래할 뿐만 아니라 인류의 문명까지도 파각할 것이다"라고.

적반하장이다. 거기에는 주변국이나 유구한 역사를 가졌던 한민족을 36년 동안 짓밟은데 대한 반성은 엿볼 수 없다. 그 찬란한 역사와 문화의 뿌리를 송두리 채 왜곡한 기억은 없었다. 참회가 아니고 섬뜩한 원망怨望이었다. 요즘 일본 군국주의 세력이 품은 환상도 여기에서 비롯되었다.

올바로 아는 것이 중요하다. 작고한 소설가 박경리는 우리 애국가와 일본의 국가國歌를 비교하여 민족성을 비교한 어떤 사람의 글을 반박한 적이 있다. 곧 "동해물과 백두산이 마르고 닳도록"(애국가) "さざれ石のとをりて苔のむすもで〈조약돌이 바위 되어 이끼가 낄 때까지〉"(일본국가)라는 대목이다. 이 둘을 비교하여 애국가는 '마르고 닳아지며 없어지는 소위 비생산적인 것'이고, 일본의 국가는 '자라나고 커가며 미래지향의 생산적 내용'이라는 해석이었다.

속된 말로, 기가 차고 어이없는 비교이다. 이에 대해 박경리는 "식민지 사관이 아직 병소病巢와도 같이 우리 주변에 남아있는 것"[2]이라 통탄하였다. 물체가 닳고 물이 마르는 것은 엄연한 자연적 현상이지만, 조약돌은 부서져서 모래가 될지언정 바위로 커질 수는 없다. 물론 상징을 노래한 것이지만, 황당무계한 가상을 통해 우리 자신을 깎아내리고 일본을 높이는 일이야말로 위험을 내포하는 것이라고 질타하였다. 그런데 비참하게도, 지금도 우리는 이러한 상황을 역사해석에서 종종 보게 된다.

지금까지 일본의 고대사와 문화에 대해 두 권의 소책자를 펴냈다. 『일본고대사와 한민족』과 『일본의 고신도와 한민족』이다. 모두 한민족과 관련된 내용을 다루면서 그 중심된 재료는 일본의 문화, 특히 종교문화(신사神社문화)였다. 그리고 세 번째의 이 책을 구성하는 세 편의 글도 역시 일본의 고대문화를 다룬 것이다. 원래 '소도와 신사'와 '광명문화와 백산 신앙'은 『선도문화仙道文化』 15권(2013)과 18권(2015)에 실렸던 글을 성격에 맞게 재정리한 글이고 '홍익인간'의 글은 국학원 개천절 기념 학술회의(2014)에서 발표했던 내용에 가필한 것이다.

비록 '종교'라는 용어가 후대에 나타난 근대적 개념이지만, 인간은 처음부터 종교적이라 할 수 있다. 고대의 사회구성이

---

2) 박경리, 『일본산고』, 마로니에북스, 2013, 89-91쪽.

성소를 중심으로 공동체 생활을 한 흔적을 곳곳에서 찾아볼 수 있기 때문이다. 종교의 핵심은 '성스러운 것'의 창출에 있다. 프랑스의 종교 사회학자 뒤르켐E. Durkheim에 의하면, 종교는 '신성한 것과 관계가 있는 신념과 관행의 통합된 체계'라 하였다. 이러한 뒤르켐의 견해로 볼 때 '신성한 것'이란 특별한 것이 아니며, 신성한 것의 범위는 상황에 따라 달라지게 된다. 그러나 많은 종교사상에 영향을 미친 성소문화를 일단 초기 시대의 원형적 형태에서 살펴보는 것이 중요하다고 생각된다.

이 글에서도 먼저 한국과 일본의 성소문화에 관심을 두었다. 고대 한국과 일본에도 성스러운 터전(聖所)이 있었다. 그 대표적인 것이 소도蘇塗이다. 소도는 단군성조가 참석하여 천제

＝홍산문화의 총, 묘, 단

天祭를 올리는 장소였고, 이후 열국列國 시대로 접어들면서 주변 지역으로 퍼져나갔다.

발해 연안의 요서지역에서 발굴된 홍산문화 유적에서도 성소의 모습을 찾을 수 있다. 동북아 고대문명의 자취를 드러낸 이곳은 제사유적들과 대규모의 돌무덤(塚)과 신전(廟) 그리고 천제를 올리던 원형 3단 구조의 제단(壇)이 발굴됨으로써 이를 중심으로 문명이 이루어졌음을 알게 된다. 이 역시 소도의 한 형태로 짐작할 수 있다. 곧 이곳이 성소인 소도를 중심으로 한 별읍別邑으로 보기에 무리가 없는 것이다.

이러한 소도의 유습은 일본열도로도 이어졌다. 첫 글은 바로 그러한 종교문화, 소도문화의 바탕을 이룬 고대 한국의 소도와 일본의 성소문화聖所文化인 신사문화를 비교한 내용이다. 곧 고대 한민족의 소도와 일본 신사문화의 친연성親緣性을 다루었다. 일본열도에 산재한 신궁·신사의 모습과 소도제천의 모습과의 친연성을 유추해보는 작업이다. 따라서 본격적인 논의와 입증을 위해 천제가 행해졌던 소도의 모습과 그 주요 특징을 살펴보고 난 뒤, 일본 신사문화의 특징을 다루어 보았다. 그리고 일본 신사문화의 중심 메카인 이세신궁의 창사創祀 모습을 살펴봄으로써 한민족과의 관련성을 더욱 실증적으로 유추해 보았다.

필자의 궁극적 관심은 한국과 일본의 성소문화이다. 비록 고대일망정 한민족과 일본열도의 성소문화를 다루면서, 비교를 통해 그 문화의 원형을 추적해보는 일이 보다 중요하다고 본다. 그동안 자료를 수집하고 일본열도의 관련된 지역을 답사하면서 이야기도 듣고 글쓰기를 계속하였다. 이번이 세 번째 글이다. 마지막 책이라고 생각하고 있으나 어쩌면 다시 새로운 시작일지도 모르겠다. 한·일 양국 간 성소문화에 대한 비교가 필요한 이유도 바로 문화적 정체성을 추구하는 시대적 요청 때문이다. 한국과 일본 성소문화의 친연성을 밝혀 봄으로써 고대 문화의 정체正體와 흐름을 파악할 수 있다. 두 나라는 바다를 사이에 두고 오랫동안 교류해 왔다. 그 교류가 전쟁이나 무역에 의한 것이든 순수한 문화적 이동이든 간에, 이러한 교류를 통해 문화는 끊임없이 전해지고 이동해 왔다.

한·일간의 성소문화를 비교하는데 전파주의diffusionism에 토대를 둔 선행연구들은 이러한 점에 초점을 둔 것이다. 한 예로, 대표적인 곳이 쓰시마의 쯔쯔豆酘지역 일대의 천도 성지로 솟도牢土라 부르는 성소聖所이다. 이 천도단은 한국에서 서낭당을 떠올리게 하는 곳이다. 마을이 생기기 전에는 원시림이어서 불가침의 신성스러운 성소였다. 일본학계에서는 이를 일본 신도의 원시적인 형태를 보유하는 것이라 하여 주목하였다. 천도신앙은 마한의 소도신앙蘇塗信仰과 상당히 유사하다. '솟도'라는 용어에서도 짐작할 수 있듯이, 연구자들은 이를 우연한 것으로 보기보다는 문화전파라는 과정에서 살펴보았다.

둘째 글도 문화전파라는 기본 시각으로 일본열도의 백산신앙을 다루었다. 일본에는 예로부터 산을 신성시한 산악신앙, 곧 백산신앙이 있었다. 백산신앙은 이시가와현石川縣과 기후현岐阜縣에 걸쳐 자리한 백산에 대한 신앙이며, 그곳의 시라야마히메白山比咩 신사에 대한 산악신앙이다. 주가 되는 산신山神은 구쿠리히메菊理媛라는 여신女神이다. 그런데 이러한 백산신앙의 연원을 추적해 보면, 그 중요한 열쇠의 하나를 고대 조선이 쥐고 있다는 사실을 발견하게 된다. 바로 백두산을 중심으로 한 광명신앙이다.

고대 조선의 백두산은 신령스러운 산이었다. 사람들의 외경을 받는 신산神山 혹은 천산天山의 의미를 지녔고 고대 광명문화의 신성성이 비롯되는 곳이었다. 백산은 단순히 '색이 하얀

－백두산, 한민족의 성산聖山이자 백산신앙의 출발지. 주변에 백산부가 있다.

산'이 아니다. 그것이 의미하는 것은 '햇빛이 비추어 빛나는 산'이다. 그 성스러운 태양신앙의 산을 매일 바라본 그 일족이 동쪽을 향해 동해를 건너왔을 때, 수평선 저쪽에 최초에 보았던 것이 일본열도 가가加賀의 백산白山이었던 것이다.

한반도로부터 일본열도에 전해진 백산신앙은 지금도 그 흔적이 많이 남아있다. 일본 전체를 합해서 약 2,700개소에 달하는 백산이 있는데, 그 가운데 후쿠이현福井縣의 백산과 곰을 제사하는 후쿠야마현福山縣의 타테야마立山 등이 유명하다. 물론 이시가와현의 백산은 백산신앙의 원류였던 것이다.

마지막으로 일본 고대문화에도 동북아의 지배문화였던 홍익문화의 흔적을 찾아볼 수 있다. 홍익문화는 인간세상을 이롭게 하는 홍익인간의 문화이다. 홍익인간은 사람과 사람 '사이'를 이롭게 한다는 뜻이고, '이롭게 하라'는 것은 풍요로운 생활만을 뜻하지는 않는다. '홍익하는 인간'은 천지의 뜻과 대이상을 마음에 새기어 이를 펼치고 생활화하는 참 사람을 말한다.

고대 일본 신화에서도 홍익문화의 흔적을 찾아볼 수 있다. 일본역사의 초대 신무神武 천황은 야마토에 도읍을 세우면서 천신 곧 한반도에서 건너온 "타카미무스비高皇産靈 신의 신위를 빌어 일본열도를 평정하고, 일본열도를 하나로 통일하여 팔굉八紘(천하)을 일우一宇로 하겠다"는 뜻을 품고 있었다. 이러한 신무천황의 '팔굉일우'의 이념은 야마토 왜의 출발(肇國) 정신이 되었고, 일본의 역사를 이끄는 근본적인 힘이 되었다.

역사속에서 이러한 홍익문화가 전개된 대표적 사례는 성덕태자가 화和를 강조했던 데서 찾아볼 수 있다. "화를 귀하게 여기라"는 당시 복잡한 주변 상황에서 국가통합적 이념으로 소중한 가치를 지녔다. '야마토大和'는 '위대한 화'를 의미했고 일본민족의 심층심리에서 작동하는 심적 에너지가 된 것이다.

그러나 한반도에서 백제와 고구려가 멸망하면서 주변 정세가 급변하는 가운데 야마토 왜의 정체성은 흔들렸고 이때 정권을 잡은 천무천황은 '새로운 천황' 중심의 '새로운 역사'를 만들기 시작했다. 일본인은 자기정립을 위해 역사적, 조직적으로 '가라韓'의 흔적 지우기를 행하면서 홍익문화도 사라졌다. 천황의 통치가 천지天地와 함께 영원하다는 '천양무궁의 신칙神勅'이 국가통치의 정신이 되었고, 국시國是가 되어버렸다. 신무천황의 '팔굉일우'의 이념도 일본을 중심으로 하여 전 세계를 통일한다는 의미로 바뀌었고 일본의 해외확장을 정당화하는 논리로 되어갔다. 심지어 제국주의 시대로 접어들면서 홍익문화의 흔적이었던 팔굉일우 사상은 왜곡 재생산되어 군국주의 침략을 정당화하는 논리로 바뀌어 갔던 것이다.

'사이'의 인간관은 안과 밖의 구별이 있을 수 없다. 그러나 일본은 이러한 '사이'가 안과 밖으로 구분되어 버렸다. 안과 밖이 구별되어 버리면 따로 따로 공존, 공생하기는 해도 서로 서로 살리는 상생에까지는 이어지지 않는다. 서로 살고 살리는 상생의 길을 여는 기본조건은 왜곡 재생산된 역사를 청산하고 진심으로 사죄하는 것이다. 이로써 널리 사람을 이롭게 하는 홍익인간의 실천 가능성이 열리게 되고 서로의 새로운 삶의 지평이 열리게 되는 것이다.

여기에 이 글의 또 다른 현실적인 이유가 있는 것이다. 일본은 역사적 반성 없이 우리사회와 끊임없이 평행선을 그으며 갈등을 일으키고 있다. 쉽게 해결될 기미가 보이지 않는다. 왜 그럴까? '열 길 물속은 알아도 한 길 사람의 마음속은 모른다.' 필자가 '문화culture'를 설명하면서 자주 드는 속담이다. 열길 물속이야 과학의 발전으로 곧 알 수 있지만, 한 길 사람의 마음속은 과학의 발전으로도 안 되고 그 사람의 문화에 대한 이해가 없으면 불가능하다. 청소년의 마음을 이해하려면 청소년의 문화를 알아야 한다. 고대 한·일간의 문화, 뿐만 아니라 오늘날의 일본사회와 일본인에 대한 이해도 그렇다. 혹시 고대부터 얽힌 문화적 관계를 확인한다면 엉킨 실타래를 풀 실마리를 얻을 수 있지는 않을까 해서다. 일본문화에 대한 이해가 필요한 시점이다.

목차

Chapter I

소도蘇塗와 신사神社문화

1. 신교神敎와 제천의례

우리는 '신교神敎'라는 이름에 그리 친숙치 않다. 설령 그 명칭을 알고 있다 하더라도 그 실체까지 정확히 파악하는 사람은 극히 드물다. 『단군세기』의 "이신시교以神施敎(신도로써 가르침을 베푼다)"라는 구절은 바로 '신교'를 드러내는 구절이다. 신교는 문자 그대로 '신의 가르침'을 뜻하며, 구체적으로는 '신의 가르침으로 세상을 다스린다'는 것을 뜻한다.

신교를 제대로 알 수 있어야 한다. 우리는 배달시대 이래 6천 년에 달하는 유구한 전통을 가졌으나 유교, 불교, 도교, 기독교 등 외래 사상에 밀려 한민족 고유의 사상과 정신문화가 무엇인지 잘 모르는 경우가 흔하다. 한민족의 역사를 되찾는 작업은 먼저 한민족 고유의 사상과 정신을 되살리는 데서부터 출발할 필요가 있다. 신교를 바로 안다면 한민족과 인류의 상고 역사와 문화를 바르게 해석하는데 큰 도움이 되기 때문이다.

연구사적으로 '신교'라는 명칭은 시원종교를 찾으려는 노력들에서 용례를 찾아볼 수 있다. 물론 신교 외에도 다른 용어들을 내세운 사례도 보인다. 육당 최남선은 '고신도古神道'라는 개념을 썼고, '부루교'('붉道')라는 용어도 사용하였다. 이 외에도 학자들에 따라 '고유신앙' '재래신앙' '토착신앙' '무교巫敎' '선교仙敎' '신선도(교)' '수두교'(신채호) 등 다양한 명칭들이 있었다. 모두 한민족의 시원문화, 시원종교의 모습을 밝히려 했던 흔적이다.

'신교'를 '이신설교以神說敎'의 준말로 본다면 개념의 사용례를 오래 전에서 찾을 수 있을 것이다. 예를 들어, 수산修山 이종휘李鍾徽(1731-1797)의 『동사東史』(『修山集』 11-13) 중 '신사지神事志' 편篇은 환웅桓雄시대 '이신설교以神設敎'부터 다루었다. 곧 신교를 중심으로 고구려의 제사의례까지 일련의 원시종교 현상을 정리했다. 그리고 연대를 명확히 알 수는 없지만, 조선조 말기 작품으로 추정되는 『무당내력巫堂來歷』의 머릿글에는 "上元甲子十月三日 神人降于太白山檀木下是爲檀君乃設神敎"라 하여 신교의 기원이 단군에 있다고 하였다. 따라서 매해 10월이 되면 햇곡과 과일 등을 얻어 백두산을 향해 치성을 드리는 내력이 밝혀져 있다. 이것이 고대 천신의례의 전통임은 재론의 여지가 없다.

또 정확한 연대 추정이 어려운 작품인 『신교총화』에서는 "신교를 뭇 종교의 조상이며 모태가 되는 뿌리진리"라고 보다 분명하게 규정하였다. 1675년 북애자北崖子가 저술하였다는 『규원사화』도 단군시대의 종교가 있는데 불교도 아니요 유교도 아닌 신교였다고 기술하고, 신교의 핵심은 삼신숭배와 제천의식이었다고 했다.

그러나 신교 개념을 직접적으로 사용하여 한민족의 시원사상을 체계적으로 다룬 것은 1910년대 경으로 보인다. 1910년대 무원茂園 김교헌金敎獻(1868-1923. 대종교의 이론가, 2대 교주), 백암白岩 박은식朴殷植(1859-1925), 그리고 1920년대에는 위암韋庵 장지연張志淵(1864-1921)과 상현尙玄 이능화李能和(1868-1945) 등이 한민족의 원시종교를 지칭하면서 '신교'라는 용어를 직접적으로 사용하게 된다. 이능화는 김교헌의 『신단실기神檀實記』(1914)를 인용하여 한국종교의 원류를 '단군신교壇君神敎'로 보고, 그 특징으로 제천배일祭天拜日, 무축巫祝, 그리고 선도仙道 세 가지로 제시하였다.

이러한 신교를 명료하게 정의하는 일은 쉽지 않은 작업이

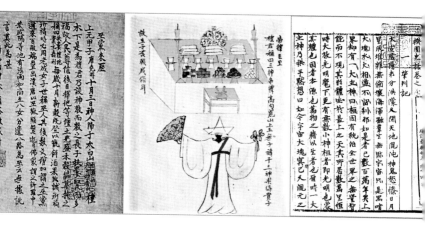

－신교를 기록한 『무당내력』과 『규원사화』

다.[1] 그러나 논의를 진행하기 위해서 두 가지 면에서 신교에 대한 정리가 필요하다. 그 중 무엇보다 중요한 것은 신교의 신앙대상이다. 『무당내력』에는 "檀君稱曰三神帝釋"이라 했고, 『규원사화』의 "이신설교以神設教(신도로써 가르침을 베푼다)"는 『삼성기』에서 "이삼신설교以三神設教(삼신의 도로써 가르침을 베푼다)"로 나타난다. 곧 신교에서 받드는 대상이 '삼신三神'이라는 점이다.

예로부터 사람들은 대자연의 모든 생명체가 태어나고 살아가는 주된 근거로서 신을 이야기해 왔다. 한민족은 태고 이래로 이를 삼신이라 불러왔다. 『태백일사太白逸史』「삼신오제본기三神五帝本紀」를 보면, "천상계(上界)에 '문득' 삼신三神이 있었으니 .... 삼신은 조화로 만물을 빚어내고, 한량없는 지혜와 능력으로 온 세상을 다스리지만 그 형체를 드러내지 않는다. 가장 높고 높은 하늘에 앉아계시니 그곳은 천만억토이다. 삼신은 항상 광명을 크게 방출하고 신묘神妙한 기운을 크게 발하며 상서로운 기운을 크게 내린다. 기를 불어넣어 만유를 감싸고, 열을 내뿜어 만물의 종자를 자라게 하며, 신명들로 천명을 집행하게 하여 세상 일을 다스린다. .... 삼신은 천일天一, 지일地一, 태일太一이다. 천일은 조화造化를 주관하고, 지일은 교화敎化

---

1) 본고에서 신교문화를 구성하는데 참조, 인용한 『환단고기』는 모두 상생출판에서 펴낸 『환단고기』 현토본(2011)과 안경전 역주본 『환단고기』(상생출판, 2011)이다. 때문에 본문에서는 별도의 인용주를 달지 않았다.

를 주관하며, 태일은 치화治化를 주관한다"라 하였다.

또 『삼한관경본기三韓管境本紀』에는 "도道의 큰 근원은 삼신三神에서 나왔다...... 하나에는 셋이 깃들어 있고(執一含三), 셋이 만나면 하나로 돌아가는 것(會三歸一)이다. 일신一神이 내려주신 바가 만물의 이치(物理)이다" 라고 했다. 『신시본기神市本紀』에는 "삼신은 우주를 창조하고 만물을 지어낸 천일신天一神이다"라 하였다. 이러한 내용들을 보면, 삼신이 만물을 창조하였고, 그 삼신은 각각 다른 신이 아니라 하나의 신이며 그 하나의 신이 곧 '일 상제一上帝'라는 점이다. 『단군세기』에는 "三神一體之上帝也"라 했다. 곧 '삼신과 한 몸이신 상제'라는 의미이다.

삼신만으로는 인간과 만물이 태어날 수도, 현실 세계가 출현할 수도 없다. 삼신의 조화와 삼신에 내재된 자연의 이법을 직접 주관하여 천지만물을 낳고 다스리는 또 다른 신이 있다. 그 신이 바로 "삼신일체상제三神一體上帝(삼신과 한 몸인 상제)"(『단군세기』 『태백일사』), 또는 "삼신즉일상제三神卽一上帝"(『태백일사』)이다. 우리는 이를 흔히 천제天帝, 천신天神, 천주天主라고도 부른다.

그리고 신교의 두 번째 특징은 바로 삼신을 받드는 일이었다. 이것이 천제天祭였던 것이다. 천제는 바로 천신(삼신)을 받드는 국가적 의례였다. 식민주의 사관에 물들어 흔적조차 희미해져 버린 나라가 있다. 바로 고대 동북아의 신비로운 통일제국 고조선이다. 고대 한민족의 천제는 그 고조선이 개국할 때부터 시작되었다. 4300여 년 전, 고조선을 세운 단군성조[2]는 무리 8백 명과 함께 성소인 단목 터에서 10월 상달上月에 천제天祭를 직접 주관했다. 여기서 나라 세움의 뜻을 밝혔다.

이 성대한 제천祭天 의례에는 단군성조를 위시하여 각 부족의 장들과 백성들이 참석했고 이들은 여기서 삼신상제와 천신지기天神地祇에 대한 공경심과 정서적 공감대를 확인하였다.

배달 신시 개천開天 1565년(단기원년. BCE 2333) 10월(上月) 3일에, 신인 왕검이 오가五加의 우두머리로서 무리 8백 명을 거느리고 단목 터에 와서 백성과 더불어 삼신三神[3]께 천제를 지내셨다. 왕검께서 지극히 신성한 덕성과 성스러움을 겸한 인자함으로 능히 선대 환인·환웅의 가르침을 받들고 하늘의 뜻을 계승(繼天)하시니 그 공덕이 높고 커서 찬란하게 빛났다. 이에 구환의 백성이 모두 기뻐하고

2) 성조聖祖라는 수식어는 환국의 환인, 배달의 환웅, 조선의 단군을 높여 부르는 용어이다.

3) 『단군세기』에는 "三神一體之上帝也"라 했다. 곧 '삼신과 한 몸이신 상제'라는 의미이다. 삼신은 '세 가지 창조원리(造化, 敎化, 治化)로 만물을 낳고 길러내서 완성하는 우주의 지극한 조화성령'이란 뜻이다(안경전 역주, 『환단고기』, 상생출판, 2013, 198쪽). 여기서 삼신은 세 분의 신이 아니다. 『태백일사』에는 "自上界 却有三神卽一上帝 主體則爲一神 非各有神也 作用則三神也"라 하여 "천상 세계에 '문득' 삼신이 계셨으니 곧 한 분 상제이시다. 주체는 일신이시니, 각기 따로 신이 있는 것이 아니라 작용으로 보면 삼신이시다"라 하였다.

진실로 복종하여 천제의 화신으로 여기고 임금으로 추대하니, 이분이 바로 단군왕검이시다. 왕검께서는 신시神市 배달의 법도를 되살리고, 아사달에 도읍을 정하여 나라를 세우시고 그 이름을 조선朝鮮이라 하셨다.[4]

　고조선의 천제는 매년 봄과 가을에 거행되었다. 단군성조는 "해마다 3월 16일[대영절大迎節]이 되면 말을 달려 강화도 마리산에 가서 제물을 바쳐 경배하고 돌아왔다. 10월 3일에는 백두산에 올라가 천제를 올렸다. 이런 제천 의식은 배달 신시의 옛 풍속이다."[5]

　제천문화는 상제上帝문화 그리고 천자天子문화와 조합을 이룬다. 상제문화는 삼신상제를 모시고 사는 삶으로 하늘 상제[6]에 대한 제사이다. 이러한 천제의 대상은 역사적으로 천신지기, 시조신(조상신)으로 표현되어 왔지만 그 본질은 삼신 곧 삼신상제였다.

　이와 대비하여 천자문화는 천제를 올리는 제사 주관자와 관

<hr>

4) "至開天一千五百六十五年上月三日, 有神人王儉者, 五加之魁, 率徒八百, 來御于檀木之墟, 與衆 奉祭于三神. 其至神之德, 兼聖之仁, 乃能奉詔繼天, 巍蕩惟烈, 九桓之民, 咸悅誠服. 推爲天帝化身, 而帝之, 是爲檀君王儉. 復神市舊立都阿斯達, 建邦號朝鮮."(『檀君世紀』)

5) "每當三月十六日則馳往摩利山 供物敬拜而歸. 十月三日則登白頭山祭天. 祭天乃神市古俗也."(『태백일사』「고구려국본기」).

6) 하늘 상제를 지칭하는 용어는 다양하다. 예를 들어 하늘님, 제帝, 천제天帝, 천신天神, 천황天皇, 천주天主 등이다.

련된 문화이다. 천제를 주관하는 주인이 곧 천자였던 것이다. 천자는 적통성을 지닌 적장자로, 삼신상제께 제사지낼 수 있는 역사의 대표자인 셈이다.[7] 천제를 올린 단군성조는 적장자였고 한민족은 이러한 천자의 적통은 이어받은 셈이었다. 한민족의 선조들은 이렇게 천자의 적통자로 하늘의 삼신상제께 제사드리고 하늘의 뜻을 받들었다. 옛 고조선은 바로 그 주체민족의 나라였던 셈이다.

초대 단군 재위 50년(정사丁巳년. BCE 2284)에는 고조선에 큰 홍수가 발생하였다. 단군성조는 풍백風伯인 팽우彭虞(彭吳)에게 명하여 물을 다스리게 했다. 팽우는 높은 산과 큰 강을 슬기롭

▪강화도 마리산 참성단

---

7) 이러한 천자의 징표가 용봉龍鳳문화였다. 동북아의 역사 속에서 천자문화를 상징하는 용봉문화의 용과 봉황은 바로 동북아 문화의 신비를 풀 수 있는 열쇠가 된다. 고대 동북아의 역사는 모두 이 코드 곧 천제, 용봉과 연결되어 있다.

게 다스려 백성들을 편안하게 하였다.[8] 그리고 이듬해인 무오년에 단군성조는 운사雲師 배달신倍達臣으로 하여금 강화의 전등산에 삼랑성을 축조케 하고, 마리산에 제천단을 쌓게 하였다. 그리고는 이곳에서 삼신상제께 치수사업의 성공을 고하는 천제天祭를 올렸다(『태백일사』「삼한관경본기」). 강화도 마리산에 제천단이 만들어진 것이다. 그 제천단의 이름이 참성단塹城壇이 었다. 높이는 17자였고 위는 네모지고 아래는 둥글게 쌓았다. 위의 사방은 각각 6자 6치였으며 아래는 15자의 돌로 만든 단 (石壇)이었다(『신단실기』).[9]

이후 이곳에서 해마다 제천의례가 열렸다. 특히 3월 대영절에는 강화도 마리산에서 천제를 올렸다. 그러나 고조선은 삼신설三神說의 파탄[10]으로 분열되기에 이르렀고, 이후 고조선의 강역은 분열되면서 열국列國시대를 맞게 되었다. 이제 한 곳을 정해 하늘에 올려졌던 천제는 중단될 수 밖에 없었다. 그럼에

8) 홍만종洪萬宗의 『동국역대강목東國歷代總目』에 "팽오에게 명하여 국내의 산천을 다스리게 하고 백성들을 살 수 있게 하였는데 우수주에 팽오의 비석이 있다(命彭吳 治國內山川 而奠民居 牛首州彭吳碑)"고 하였다. 대한제국 초등교과서인 『대한역사』에도 "彭吳를 命ᄒ야 國內山川을 奠ᄒ실새"라는 기록이 보인다.
9) 하늘은 원만하고 땅은 방정하다(天圓地方)는 사상을 형상한 모습이다. 상단 방형方形 1변의 길이는 1.98미터, 하단 원형圓形의 지름은 4.5미터이다. 자연의 산석을 다듬어 반듯하고 납작하게 만들어 쌓았고, 자연석들에 의지하여 둥글게 쌓은 하원단과 네모반듯하게 쌓은 상방단의 이중 구조로 구성되었다. 1639년(인조 17)과 1700년(숙종 26)에 중수했다.
10) 신채호는 『조선상고사』에서 고조선이 분열된 것을 삼한관경三韓管境이라는 고조선 통치양식의 근간을 이루었던 삼신설이 파탄 때문이라 지적했다.

도 불구하고 천제는 중단될 수 없는 의례였다. 모든 열국마다 고조선의 제천행사를 이어 나갔다. 열국들 곧 부여·고구려· 예·마한 등은 모두 고조선의 전통을 계승하여 10월에 하늘에 제사지냈다.[11] 동예의 무천舞天, 고구려 동맹東盟, 부여의 영고迎 鼓, (마)한韓의 제천이 모두 모두 그것이다.

왜 10월에 제사를 모셨을까? 바로 10월은 일년 중 달(月)이 운행을 시작하는 첫 달이었기 때문이다. 한민족은 이러한 10 월을 열두 달 가운데 첫째가는 상上달이라 하여 가장 귀하게 여겼다. 따라서 10월은 사람과 신명들이 한데 어울려 즐기는 한해 시작의 달이었던 것이다. 그런데 열국들이 한 곳에 모여 천제를 올릴 수는 없었다.

그렇다면 옛 조선 때 강화도 마리산 참성단과 백두산에서 올려지던 천제가 각 열국에서는 어디에서 올려졌을까? 각 나 라는 천신지기, 시조신, 대조신大祖神을 대상으로 일정지역에서 각자 저마다의 모습으로 하늘에 제사했던 것이다. 그 '일정지 역'이 '소도蘇塗'였다. 그러면서 옛 습속을 따르려 했다.

이는 마한의 기록을 통해 비교적 자세히 알 수 있다. 『삼국 지』 「위지 동이전魏志東夷傳」 (마)한조韓條에는 고대 한민족의 소 도에 관한 기록이 다음과 같이 기록되어 있다.

---

11) 숫자로만 생각해보자. 10은 신과 인간 그리고 만물이 마음을 하나로 통일하 는 수로써, 이상과 현실이 조화된 신천신지新天新地의 개벽세계를 상징하였다. 하 느님의 조화의 수가 10인 것이다.

나라의 읍락에서는 각 한 사람을 세워 천신에게 제사를 주관하게 하였다. 이때 한 사람을 천군天君이라 하였다. 또 모든 나라에 각기 별읍別邑이 있어 이를 소도라 부르고, 큰 나무를 세워 방울과 북을 달아놓고 신을 섬겼다. 도망자가 이곳에 이르면 돌려보내지 않아 도둑질을 일삼았다. 소도를 세운 뜻은 부도浮屠와 같은 점이 있으나 선과 악을 행하는 것에는 서로 차이가 있다.[12]

마한에 이어, 동일 문화권역이었던 백제에도 소도蘇塗가 세워졌다는 기록이 남아있다. 최치원이 찬撰하고 진성여왕 7년(893) 분황사 승려였던 혜강이 비문을 서각書刻한 봉암사 지증대사 적조탑 비문에서 기록을 찾아볼 수 있다. 여기에는 "옛날

---

[12] "國邑各立一人主祭天神, 名之天君. 又諸國各有別邑. 名之爲蘇塗. 立大木, 縣鈴鼓, 事鬼神. 諸亡逃至其中, 皆不還之, 好作賊. 其立蘇塗之義, 有似浮屠, 而所行善惡有異."(『三國志』「魏誌東夷傳 韓」). 이외에도 『진서晉書』『후한서』에서도 비슷한 기록이 있으나 그 내용들은 큰 차이가 없다. "諸國邑各以一人主祭天神, 號爲天君. 又立蘇塗, 建大木以縣鈴鼓, 事鬼神."(『후한서』「동이열전」). "國邑各立一人主祭天神, 謂爲天君. 又置別邑, 名曰蘇塗, 立大木, 懸鈴鼓. 其蘇塗之義, 有似西域浮屠也, 而所行善惡有異."(『진서』「열전」'동이전'). 곧 소도는 제의가 행해지는 신성지역이며 별읍은 바로 그러한 성역이 되고, 제단적 기능을 갖는 세계수世界樹인 대목大木을 중심으로 천군이 제의를 행한다는 내용이다. 그러나 『삼국사기』와 『삼국유사』에는 소도에 관한 기록이 보이지 않는다. 그 누락된 이유를 여러 가지로 설명할 수 있겠지만, 『삼국사기』가 유교적, 『삼국유사』가 불교적 사관에서 쓰여짐으로써 의도적으로 하늘에 대한 제사 기록이 제외되었을 가능성도 있다. 더욱이 백제에 소도가 분명히 있었음에도 이에 대한 기록이 없는 것으로 봐서는 이런 추정이 큰 무리는 없을 것이다.

우리나라(동국)가 셋으로 나뉘어 솥발처럼 서로 대치하였을 때에 백제에 '소도蘇塗'라는 의식이 있었다. 이는 감천궁甘泉宮에서 금인金人에게 제사지내는 것과 같다."고 했다.[13]

이러한 소도는 『삼국지』에 기록되었듯이 대부분의 나라들(諸國)에 세워졌었다고 보는 것이 가능하다. 고대 국가들이 역사적으로 천신지기天神地祇와 시조신께 천제를 올리면서 공경과 정서적 공감대를 확인하였다는 사실로 볼 때, 열국들도 천제를 지낼 장소가 필요했다. 이렇듯 천제를 올리는 특별한 장소, 곧 성소聖所가 별읍이고 소도였던 것이다.

『태백일사』「삼신오제본기」에는 이에 대해 보다 자세히 기록되어 있다. "삼한의 옛 풍속에, 10월 상일上日에, 모두가 나라의 큰 축제에 참여하였다. 이때 둥근 단을 쌓아 하늘에 제사지내고, 땅에 대한 제사는 네모진 언덕에서 지내며, 조상에 대한 제사는 각목角木에서 지냈다. 산상山像과 웅상雄常은 모두 이러한 풍속으로 전해오는 전통이다. 제천할 때는 반드시 임금[韓]께서 몸소 제사지

=봉암사 지증대사적조탑과 비문

---

13) "昔當東表鼎峙之秋, 有百濟蘇塗之儀, 若甘泉金人之祀."(봉암사 지증대사 적조탑비鳳巖寺 智證大師 寂照塔碑).

내시니, (중략) 소도에서 올리는 제천[蘇塗祭天] 행사는 바로 구려九黎를 교화하는 근원이 되었다."[14)]

소도제천蘇塗祭天, 바꾸어 말하면 제천행사가 이루어지는 곳이 소도였음을 이르는 말이다. 각 나라는 천신지기, 시조신을 대상으로 일정지역에서 각자 하늘에 제사를 지냈고, 그 '일정지역'이 '소도蘇塗'였다. 군왕이 직접 제사지내는 이러한 소도제천은 구려 곧 동이東夷의 교화의 근원이라 하여 모든 나라가 천제를 지냈음을 알려주는 기록이다.

---

14) "三韓古俗皆十月上旬國中大會築圓壇而祭天祭地則方丘祭先則角木山像雄常皆其遺法也祭天韓必自祭其禮甚盛可知也是日遠近男女皆以所産薦供鼓吹百 是俱衆小諸國皆來獻方物珍寶環積邱山蓋爲民祈禳乃所以繁殖管境而蘇塗祭天乃九黎敎化之源也." (『태백일사』「삼신오제본기」)

2. 한민족의 소도제천 문화

1) 소도와 성소聖所신앙

소도제천蘇塗祭天!

곧 '소도에서 하늘에 제사를 올렸음'을 뜻한다. 그 천제天祭의 터전인 소도는 제단 곧 신단神壇을 중심으로 한 일정한 성소聖所이다.[15] 『삼국지』「동이전」에는 이 성소를 '별읍'이라 기록했고, 『단군세기』에는 '박달나무 터'(檀木之墟)[16]라 했다. 따라서 소도는 단목檀木 터와 수림樹林 그리고 높은 산으로 상징되기도

15) 소도를 성소로 보는 것과는 다른 입장들이 있다. 그 중 하나가 소도의 어원적 논의로 소도를 소대, 솔대, 소주대, 수줏대 등으로 불리었던 입목명칭에서 '대'가 공통으로 사용되었음을 근거로 한 것이다.(이는 '성목신앙'에서 다룬다) 이는 竹, 竿, 棒, 柱 등이 긴 물체를 지칭하는 표현이며 蘇는 소대, 솟대로서 솟는라는 말은 湧聳, 湧湧의 동사, 형용사적 표현으로 소도는 마한의 제소 별읍 앞에 세워진 일종의 경계신경界神 성격을 갖는 용목聳木으로 보았다(손진태, "소도고", 『민속학』 4-4 ; 1948, 『조선민족문화의 연구』). 아끼바秋葉隆도 "거제도의 신간神竿"(1954)에서 입간민속立竿民俗은 원시적인 북방문화北方文化의 일명으로서의 샤머니즘의 신간神竿에서 나온 것이 틀림없다고 생각하였다. 마한馬韓의 소도蘇塗에서 보이는 것과 같이 대목大木을 세워 모시는 풍속, 또 현재 한반도 곳곳에서 볼 수 있는 신수神樹와 석적石積으로 된 원시적인 신의 상징이리고 생각하고 있다. (『한국민속대관』 3, 고대민족문화연구소, 172쪽에서 재인용) 소도의 이러한 특징을 강조하여 소도를 신체神體 혹은 제단祭壇으로 건립되는 대목大木의 명칭이라는 주장도 있다. 곧 소도는 입목立木·간목竿木을 나타내는 '솟대' '솔대'에서 온 말(이병도)로 보는 입장이다. 그러나 성역을 뜻하는 소도와 성역을 표시하는 솟대는 다른 것이다.

16) 박달나무는 신이 내리는 신단수神壇樹이고 단목 터는 박달나무 아래 제사를 올리는 신단을 말한다.

했다.[17]

이렇듯 소도를 신단을 중심으로 한 성소로 보는 입장은 단재 신채호가 대표적이다. 그는 소도를 '수두'로 보았다.

태백산의 수림을 광명신의 서숙소棲宿所로 믿어, 그 뒤에 인구가 번식하여 각지에 분포하면서, 각기 거주지 부근에 수림樹林을 길러 태백산의 것을 모상模像하고 그 수림을 이름하여 '수두'라 하니 '수두'는 신단神壇이란 뜻이다. 매년 5월과 10월에 '수두'에 나아가 제祭를 올릴 때 1인을 뽑아 제주祭主를 삼아 수두의 중앙에 앉히어 '하느님' '천신'이라 이름하고 여러 사람들이 제를 올리고 수두의 주위에는 금줄을 매어 한인閑人의 출입을 금한다.[18]

단재는 '수두' 곧 소도의 원형을 태백산(=백두산)의 수림에서 찾을 수 있고, 이 숲에는 광명신이 머물러 있다고 보았다. 그러다 인구가 증가하고 거주지가 확장되면서 여러 지역으로 뻗

---

17) 김정배는 별읍은 야산이나 구릉지대를 말하며(김정배, "소도의 정치사적 의의", 『역사학보』 79, 1978, 26쪽), 소도는 정치지역과는 별개의 제사지역이며(이병도, 『한국고대사 연구』, 박영사), 서양의 도피성逃避城(saylum)과 같다(변태섭, "한국고대사에 나타난 남방적 요소", 서울사대학보 5)고 했다. 소도는 공적 종교의식을 수행하는 호남지역의 당산堂山과 비교될 수 있다고도 보았다(김태곤, "소도의 종교민속학적 조명," 『마한.백제문화』 12).
18) 신채호, 이만열 역, 『조선상고사』 115쪽.

어나간 사람들은 태백산의 수림을 본 따 숲과 신단, 곧 '수두'를 만들고 그 주위에 금줄을 매고 하늘에 제사를 올렸다. 소도는 숲과 관련되어 있다. 그래서 소도는 일정크기 규모의 수풀이 우거진 장소, 혹은 평야나 들을 끼고 있는 조그마한 야산이나 구릉지대로 보여졌다. 여기는 주위가 금줄로 둘러쳐 있어 제의가 행해지는 성소였으며 별읍이었다.

단재는 계속하여 소도를 설명하면서, "각 나라는 모두 불교의 스투파stupa와 같은 소도를 세우고 귀신을 모시며 그 속에 여러 도망자逃亡者가 있어 돌아가지 않는다."고 했다. 이는 『삼국지』「위지 동이전魏志東夷傳」한조韓條에 소도를 설명하는 내용 중 "도망자가 이곳에 이르면 돌려보내지 않아 도둑질을 일삼았다. 소도를 세운 뜻은 부도浮屠와 같은 점이 있다"는 기록과 같은 내용이다.

= 백두산의 수림

이에 대해 박용숙은 '망亡' 자에 초점을 맞추어 해석하고 있다.[19] 그 주장의 요점을 보면 이렇다. '망은 죽어 없어지다(死)와 다른 의미를 지닌다. 망은 생각을 죽인다, 잊는다, 잃는다, 없어지게 한다는 뜻'이다. 망의 갑골문자를 보면 사람이 벽면에 갇혀 있는 혹은 벽면을 향해 서 있는 모습으로 수행의 장면을 형상하고 있다. 따라서 '도망자'는 하늘과 신을 섬기며, 면벽선을 수행하는 사람들이다. 그들은 자기를 죽이고, 혹은 육신과 욕망의 눈을 감고 어둠 속에서 신의 광명과 하나 되어 '인간'으로 거듭나려는 구도자들이다. 인간이 되지 않고서는 돌아가지 않는다. 그들은 그것을 얻지 않고서는 환속할 수 없다. 한편 설문에 무無를 망亡이라 쓴다. 이때 무란 전적으로 없다는 것이 아니라 (생각을) 죽임, 잊음, 잃음을 뜻한다.[20] 무는 어둠 속에 감춰진 존재, 그렇지만 곧 밝게 드러나게 될 가능성의 존재다. 비유컨대 무는 존재의 면사포며 자궁이다. 유有를 드러낼 '계란'이다.

곧 박용숙은 단재가 지적한 '소도 내의 도망자'를 수행자이며 구도자들로 풀이하였다. 이러한 해석은 소도蘇塗의 글자 뜻(字意)에서도 살펴볼 수 있다. '소蘇'는 소생蘇生의 뜻으로 새로운 삶으로 다시 태어남의 의미를 가지고 있다. '도塗'는 길(路)의

---

19) 박용숙, 『한국의 시원사상』, 93~95쪽.
20) '없을 무無' 자는 사람들이 동물 가죽을 들고 춤추는 데서 나왔다. 제사장의 춤은 자기를 잊게 된다.

의미를 갖는 글자다.[21] 따라서 소도는 부활갱생의 길, 즉 피둔처의 기능을 갖는 별읍인 성소聖所를 의미하는 것이다.

『삼국지』에는 소도와 별읍이 동일하다고 보았다. 소도를 중심으로 마을(邑)이 이루어졌음을 짐작할 수 있다.[22] 때문에 『태

---

21) 村上正雄, "魏志韓傳に見える蘇塗の一解釋",『조선학보』9, 1956, 298-299쪽. '도道'와 '도途', 그리고 '진흙'을 뜻하는 '도塗'는 모두 '길'을 뜻하는 말이다.『광운』에서 "途, 道也."라 했고,『논어』「양화陽貨」편에 보면 '道聽而塗說, 德之棄也.' 즉 '길에서 듣고 길에서 말을 퍼뜨리는 것은 덕을 해치는 것이다'라 하였다.

22) 차후의 별도 논고를 필요로 하지만, 국읍과 별읍은 동양적 종교공동체인 마을 구성의 원리를 밝힐 수 있는 주요한 개념 중 하나이다. 고대에 사람들이 혈연을 바탕으로 가족적 집락을 이루어 살고 있는 가운데 성소가 형성되고 이를 중심으로 별읍이 이루어지면서 종교적 성격을 띤 마을 공동체가 발전하는 모습이 보이고 있다. 정치, 경제적 도시와는 달리 종교적 읍락이 구성되는 원리가 보여진다. 소도의 확대는 이렇듯 별읍이 확대되는 과정을 보여주고 있다. 일본의 경우 신사를 중심으로 씨자가 구성되고 마을이 이루어지는 모습도 동일하다.『삼국지』에는 별읍別邑을 '名之爲蘇塗'라 했는데,『후한서』한전韓傳에는 '諸國各有別邑 爲蘇塗'라 했다. 처음부터 별읍이 소도라 불리어진 것인지 분명치 않다. 하지만 그것이 소도를 위해 설치된 것임은 분명하다. 그리고 별읍과 국읍國邑을 구분하는 것도 의미가 있다(김두진, "마한사회의 구조와 성격,"『마한 백제문화』제 12집, 77-97쪽). 별읍은 성 아래 마을(城下町)과 같은 존재로 국읍에 비해 규모가 작은 종교적 의미의 공동체로 국가로부터 자유로운 지역으로 볼 수 있다. 곧 새로운 사회질서에 대항하는 신앙적 성격을 지닌 공동체이며 종교적인 면에서 독립된 제의祭儀를 행하는 곳이다(김두진, "삼한 별읍사회의 소도신앙,"『한국고대의 국가와 사회』, 일조각, 1985, 97-101쪽). 마한 54국 중에는 신소도국臣蘇塗國이 존재하는데, 신소도국은 정치적 총 맹주인 진왕辰王의 목지국目支國과 비견되는 종교적인 대소도, 별읍의 맹주로 이해하는 경우도 있었다(이병도, "삼한문제의 신고찰,"『진단학보』1-8, 1934, 37쪽 ;『한국고대사연구』박영사, 1976, 282쪽; 김두진, "삼한 별읍사회의 소도신앙," 117-118쪽). 신소도국이 원래 속해있던 소연맹국의 별읍 상태에서 벗어나 마한 54국 중의 하나로 성장한 것은 서산瑞山 지역이다(이병도, "삼한문제의 재고찰," 266쪽). 해로海路로 통해 들어오는 새로운 세력을 받아들이면서 독자의 정치적 통치권을 다시 확립할 수 있었던 점이 유리하였기 때문이다.

백일사』「삼신오제본기」를 보면, 소도의 곁에는 반드시 교육기관인 경당扃堂이 세워졌다고 했다.[23] 한 마을이 형성되기 위해서 마을의 소년 소녀들을 교육시키는 기관은 꼭 필요했고, 천제를 올렸던 성소인 별읍에도 이러한 교육기관이 설치되었던 것이다. 경당에서는 미혼자제를 교육하여 사물을 익히게 하였다. 또 독서·활쏘기·말달리기·예절·가악歌樂·권박(검술을 겸함) 등 육예六藝를 가르치고 있었다.

단재 신채호는 소도의 경당扃堂에서 문무文武에 정진하였던 젊은이들을 낭가郎家라 했다. 그리고 이러한 낭가郎家를 '수두(蘇塗)제단의 무사武士'로 지적하였다. 그들은 성소聖所에서 천제 올리는 것을 주관하였으며, 신교神敎의 가르침을 받들어 심신수련을 하였다. 『태백일사』의 기록에 의하면, '낭郎'은 원래 삼신상제를 수호하는 관직명이다. 신채호는 낭가정신이 현 인류의 뿌리종교인 신교의 삼신문화에서 비롯되었다고 했다.

낭가사상이 역사 속에 처음 뿌리내린 것은 환웅천황께서 동방 문화를 개창할 때 환국에서 거느리고 온 문명개척단 3천 명에서 비롯되었다. 단군조선 13세 흘달 단군 때 소도를 많이 설치하고 천지화天指花를 심었는데, 미혼의 자제로 하여금 글 읽고 활 쏘는 것을 익히게 하며 이들을 국자랑國子郎이라 부르게 했다. 국자랑들은 돌아다닐 때 머리에 천지화를 꽂았으므

23) "蘇塗之側必立扃堂"(『태백일사』「삼신오제본기」)

로 사람들은 이들을 천지화랑이라고도 불렀다. 신라의 화랑花郞제도도 이러한 한민족 고유의 신교 낭가郞家제도로 보았던 것이다. 화랑은 전투집단일 뿐만 아니라 제사집단이기도 했던 것이다.

『후한서』「동이전」에도 "그들은 씩씩하고 용맹하며 소년시절에도 집을 짓는 자가 있다"고 하였다.[24] 『구당서』「동이전」 '고구려조'에도 고구려의 사학私學인 경당이 기록되어 있다. 고구려의 습속은 "서적을 매우 좋아하며 문지기, 말먹이 따위의 가장 미천한 집에 이르기까지 거리마다 큰집을 지어 경당이라 부른다. 자제들이 결혼할 때까지 밤낮으로 이 곳에서 독서와 활쏘기를 익히게 하고 있다."[25] 경당은 성소인 소도 주변에서 분화되어 한 국가의 교육기관으로서의 역할을 하고 있었던 것이다.

2) 신단수와 성목聖木신앙

소도에는 '큰 나무를 세워(立大木)' 거기에 방울과 북을 걸어 놓고 (귀)신을 섬겼다. 이 큰 나무의 원형은 신단수神壇樹였다. 『삼국유사』 '고조선' 조條를 살펴보자.

----

24) "其人壯勇, 少年有築室作力者."
25) "俗愛書籍 至於衡門廝養之家 各於街衢造大屋 謂之扃堂 子弟未婚之前 晝夜於此 讀書習射."

서자부의 환웅이 천하를 건지려는 뜻을 가지고 인간세상을 구하고자 하거늘, 환국을 다스리시는 아버지 환인께서 아들의 이런 뜻을 아시고 아래로 삼위산과 태백산을 내려다보니 널리 인간에게 이로움을 줄만한지라. 이에 아들에게 천부天符와 인印 세 개를 주어 보내 이곳을 다스리게 하셨다. 이에 환웅이 무리 3,000명을 거느리고 태백산 꼭대기 신단수神檀樹 아래에 내려오시어 이를 신시神市라 이르시니, 이 분이 바로 환웅천왕이시다.[26]

『삼국지』「동이전」의 '큰 나무'(大木)와 『단군세기』의 '박달나무'(檀木)는 성목인 신단수神壇樹였다. 소도는 그러한 큰 박달나무를 중심으로 펼쳐진 수림樹林 및 높은 산으로 상징되었다. 『삼국유사』는 환웅이 태백산 꼭대기의 신단수를 통해 천상에서 지상으로 내려와, 배달 신시를 열고 백성을 다스렸다고 하였다. 천상과 지상은 분리된 세계이고, 나무는 그 두 세계를 연결하는 신령스런 우주축이었다. 소도의 큰 나무인 신단수는 천신이 지상으로 내려올 때 이용되는 통로이며 우주나무(宇宙樹)인 것이다.

우주나무는 글자 그대로 우주의 중심에 세워져있는 나무이다. 세계나무(世界樹) 또는 우주나무라 부르는 신앙은 '천지창

---

26) "庶子桓雄, 數意天下, 貪求人世. 父知子意, 下視三危太伯, 可以弘益人間, 乃授天符印三箇, 遣往理之. 雄率徒三千, 降於太伯山頂神壇樹下, 謂之神市. 是謂桓雄天王也."

조의 때에 이미 한 그루의 큰 나무[巨木]이 생겨났고 이 거목에서 세계는 체계적으로 만들어졌다고 하는 신화'이다. 이 하늘과 땅을 연결하는 한 그루의 나무로부터 모든 것이 태어났으며, 또 모든 질서가 만들어졌다고 하는 신앙이다. 종교학자인 엘리아데의 '우주목宇宙木' 개념이다.[27] 그래서 하늘과 땅과 지하를 연결시키면서 우주의 교통로로서 역할을 한다. 바로 그 점 때문에 소도는 세계의 중심이고 신령과 인간이 교통할 수 있는 지역이다.

소도에 세워진 '큰 나무'는 천상과 지상을 연결하는 성목聖木으로 천신이 깃든 신성한 나무였다. 이것이 오늘날 솟대의 형상으로 성소를 나타내 보이는 형태로 남아있는 것이다. 곧 솟대가 세워졌다는 것은 바로 그 지역이 성스러운 공간이 되고, 그 성스러운 공간에서는 하늘(신령)과 교통할 수 있으며 그곳

＝솟대

27) 미르치아 엘리아데, 『종교사 개론』, 이재실 역, 까치, 1994. 495쪽.

에 사는 사람들은 신령의 축복과 보호를 받는다는 의미를 지니고 있다. 이러한 우주나무는 단재가 지적한 수림樹林으로, 본래 세계의 중심이라는 우주산과도 거의 동일한 개념으로 사용되었다. 하늘과 땅 사이를 연결하여 신이 오르고 내린다는 높은 산의 제단 모습으로도 설명되었던 것이다.[28]

소도제천을 할 때에는 성소인 소도의 큰 나무(大木) 곧 신단수 아래서 가무새신歌舞賽神이 이루어졌다. 『삼국지』「위지 동이전魏志東夷傳」 '한조韓條'에는 이러한 모습이 기록되어 있다. "항상 5월에 하종下種이 끝나면 귀신을 제사하는데, 무리지어 가무歌舞하고 음주飮酒하면서 주야晝夜로 쉬지 않는다. 그 춤은 수십 인이 함께 일어나 서로 따르며 땅을 밟으면서 몸을 굽혔다가 일으켰다가 하는데, 손발이 상응相應하며 절주節奏하는 모습이 탁무鐸舞와 유사하다. 10월에 농사가 끝나면 역시 같이 한다."[29]

제천행사는 나라의 가장 큰 행사(國中大會)였고, 이 때 사람들은 한 곳에 모여 밤낮으로 가무음주를 즐겼다.[30] 가무음주할 수 있는 장소가 소도였으며, 여기서 밤낮을 가리지 않고 춤추고 노래하며 배불리 먹었다. 그렇다고 아무런 생각없이 매냥 마시고 노는 것만은 아니었을 것이다. 하늘에 감사드리고 천

---

28) 엘리아데, 『샤머니즘』, 까치, 이윤기 역, 1992.

29) "常以五月下種訖, 祭鬼神, 群聚歌舞, 飮酒晝夜無休. 其舞, 數十人俱起相隨, 踏地低昂, 手足相應, 節奏有似鐸舞. 十月功畢, 亦復如之."

30) 가무음주의 모습은 흔히 신명나게 노는 질펀한 대동굿 판을 상상함이 좋을 것이다.

신을 경배했으며, 우주에 대한 심오한 철학을 노래했고, 그리고 대동사회를 만들고 재세이화·홍익인간을 행하자는 결의를 다졌다. 『단군세기』에는 소도제천 때에 불려졌던 어아가라는 노래가 실려있다.

어아 어아 우리 대조신大祖神의 크나큰 은덕이시여!

배달의 아들 딸 모두 백백 천천 영세토록 잊지 못하오리다

어아 어아 착한 마음 큰 활되고 악한 마음 과녁되네

백백 천천 우리 모두 큰 활줄같이 하나되고

착한 마음 곧은 화살처럼 한 마음 되리라

어아 어아 백백 천천 우리 모두 큰 활처럼 하나되어

수많은 과녁을 꿰뚫어 버리리라

끓어오르는 물같은 착한 마음 속에서

한 덩이 눈 같은 게 악한 마음이라네

어아 어아 백백 천천 우리 모두 큰 활처럼 하나되어

굳세게 한 마음 되니 배달나라 영광이로세

백백 천천 오랜 세월 크나큰 은덕이시여!

우리 대조신이로세

우리 대조신이로세[31]

---

31) "於阿於阿 我等大祖神 大恩德 / 倍達國我等皆 百百千千年勿忘 / 於阿於阿 善心大弓成 惡心矢의成 / 我等百百千千人 皆大弓弦同善心 直矢一心同 / 於阿於阿 我等百百千千人 皆大弓一 衆多矢的貫破 / 沸湯同善心中 一塊雪惡心 / 於阿於阿 我等

북애北崖의 『규원사화揆園史話』에서는 "제후諸侯들이 찾아와 임금으로 섬기겠다는 자가 수십 명이나 있었다. 그리하여 어아가(於阿之樂)를 지어 사람과 신을 기쁘게 했다. 어아於阿라는 것은 기뻐서 하는 말이다"[32]라고 했고, 행촌杏村 이암李嵒의 『단군세기檀君世紀』에서는 "신시 이래로 하늘에 제사 지낼 때마다 나라 안의 사람들이 크게 모여 함께 노래 부르고 큰 덕을 찬양하며 서로 화목을 다졌다. 어아가를 부르며(於阿爲樂) 조상에 대해 고마워하였으며 신인이 사방을 다 화합하는 식을 올리니 이게 곧 참전의 계(參佺戒)가 되었다"[33]고 하였다. 이렇듯 천제의례는 모두가 어울려 어아가라는 제천가를 부르며 삼신과 인류의 대조신을 맞이하여 교감을 함께 나누는 대제전이었고, 제천행사의 가무음주는 심오한 철학과 문화가 어우러진 놀이였음을 짐작케 한다.

  이러한 모습은 남아있는 유물에서도 부분적으로 확인 가능하다. 고구려의 옛 수도였던 집안集安의 고분벽화 장천 1호분을 보면, 왼쪽 벽에 당시의 생활풍속도가 그려져 있다. 여기에는 소도와 '큰 나무'인 신단수가 보이고 그 아래서 가무새신이 이루어지고 있는 모습을 볼 수 있다. 또 18세기 조선조 후기의

百百千千人 皆大弓堅勁同心 倍達國光榮 / 百百千千年 大恩德 我等大祖神 我等大祖神."

32) "是時 天下諸侯來朝者數十 於是作於阿之樂 以階人神 於阿者 喜悅之詞也."

33) "神市以來 每當祭天 國中大會 齊唱讚德諧和 於阿爲樂 感謝爲本 神人以和 四方爲式 是爲參佺戒."

감로탱화甘露幀畵에도 솟대가 나온다.[34] 감로탱화 하단부의 비교적 넓은 공간에는 솟대 아래에서 분위기를 고조시키는 많은 악사들과 방울 돌리기와 부채를 쥔 판소리꾼 등의 공연이 펼쳐지고 있다. 바로 소도의 신단수 아래서 천제를 마치고 즐겁게 펼쳐지던 대제전의 모습을 상징한 것으로 보인다.

－감로탱화에 그려진 솟대와 가무새신 모습

34) 주강현, "감로탱화의 솟대쟁이패," 『북한의 우리식 문화』, 당대, 2000, 262쪽.

3) 천제의 주관자, 천군天君

정치와 종교가 분리되지 않았던 고대 제정일치 사회에서는 정치적인 수장首長이 제사의 의례를 맡아보는 수장의 역할을 겸하고 있었다. 고조선의 최고 정치 지도자였던 단군왕검도 천제를 직접 주재主宰하며 백성들의 정서적 일치감을 확보하고 있었다. 『태백일사』「신시본기」에는 "단군檀君은 '천군天君'이라고도 하며 '제사를 주관하는 우두머리'이다."라고 하였다.[35] 단재 신채호 역시 단군왕검은 수두를 관장하는 수두하느님 곧 천군을 의미한다고 주장했다. 천군은 소도에서 제사를 주관하는, 기독교에서 말하는 제사장祭司長의 임무를 수행하는 자를 말한다.[36]

그러나 『삼국지』「위지 동이전」의 "나라의 읍락에서는 각 한 사람을 세워 천신에게 제사를 주관하게 하였다. 이때 한 사람을 천군天君이라 하였다(國邑各立一人主祭天神, 名之天君)"는 기록은, 천군이 천자인 제정일치적 군장과는 달리 천제만을 주관하는 전문인으로 성소인 소도를 다스리는 권력자임을 의미하고 있다. 고조선이 해체되고 열국시대로 접어들면서, 각 나라에서는 더 이상 제정일치적 군장을 세우기 보다는 정신적(종교적) 군장으로 소도를 지배하는 천군을 별도로 두었다. 소위 정

---

35) "檀君 亦曰天君 主祭之長也."

36) 유대교에서는 성전에서 종교상의 의식이나 전례를 맡아보던 우두머리를 '제사장祭司長'이라 하였다.

치권력과 종교권력의 분화였다.

이와 관련하여 신라 화랑의 성격을 주목할 필요가 있다. 논란의 여지는 있지만, 화랑은 본래 종교적, 제사집단적 성격을 지니고 있었으나 점차 군사적 성격으로 변모해 갔다.[37] 『화랑세기』에는 화랑이 신궁에서 천신께 제사지내는 제관으로 기록되었다. 신궁은 시조신이 아닌 천신을 제사하던 곳이었다. "우리나라에서 신궁을 받들고 하늘에 대제를 行했다"[38]고 하여, 신궁의 신격은 하늘(天) 곧 최고신인 천신天神이었음을 알 수 있다. 신궁은 천신을 모시고 천제를 지내는 종교적 성소였던 것이다. 이는 신라에서 옛 성소였던 소도가 신궁으로 변모했고, 또한 화랑이 정치적 군장과는 분리되어 성소에서 종교적 기능을 담당했던 천군과 동일한 존재였음을 확인시켜 준다. 종교가 정치로부터 분화되고 제도화되면서 이러한 변화는 피할 수 없는 현상이었다.

고대사회를 벗어나서도, 이러한 관념은 하늘의 자손인 천자天子만이 하늘에 제사지낼 수 있다는 천자의식으로 나타났다. 이는 명분론적으로 제정일치의 잔영을 보여주는 것이다. 곧 천자만이 천제天祭를 올릴 수 있고, 제후는 사직社稷과 명산산천만을 제사할 수 있다는 논리에 따른 것이었다.[39] 이에 따

---

37) 최광식, 『우리 고대사의 성문을 열다』, 한길사, 2004, 104, 107쪽.
38) "我國 奉神宮 行大祭于天."(『화랑세기』)
39) "천자는 천지에 제사지내고 제후는 사직에 제사지내며 대부大夫는 오사五祀

라 정치적인 최고 수장은 특히 정신적으로도 지배적인 권위를 지니기 위해서는 하늘에 대한 제사권祭祀權을 여전히 장악하는 것이 필요했다.

고구려와 백제 그리고 신라는 모두 하늘의 자손(天子)이 나라를 세웠음을 내세웠다. 때문에 그 계승자인 왕들은 직접 하늘에 제사(天祭)지내고 있었다. 이는 천자국으로서 권력의 정당성을 대내·외적으로 역설하는 동시에, 제천의식의 주관을 통해 종교적 권위까지 장악하고 있다는 사실을 천명하려 했던 것이다. 예를 들어, 신라는 소지왕대에 이르러 신궁을 설치하고 천지신을 제사지냈다. 천제의 주재자는 당연히 신라 왕이었다. 그리고 남해왕의 본래 표기는 남해 차차웅次次雄이었다.

▪대한제국의 원구단

에 제사지낸다. 천자는 천하의 명산대천에 제사지내고 제후는 그 지역에 있는 명산대천에 제사지낸다."(『예기』 권제5 王制 제5).

차차웅은 곧 자충慈充이라고도 하는데, 곧 천제를 주관하는 군장의 의미를 지니고 있었다.[40]

조선조에 들어와서도 천자의식과 천제의 주관은 계속 논란의 대상이 되고 있었다. 태종 때에 변계량卞季良(1369~1430)은 조선 조정이 하늘에 제사지낼 수 없다는 주장에 대해 '우리 동방은 단군의 자손으로 하늘에서 내려왔으니 중국의 제후국처럼 천자가 분봉分封한 제후국이 아니므로, 우리는 천자국 예와는 무관하게 독자적으로 천제를 지낼 수 있다'는 주장을 하였다.[41] 또한 고종은 쇠약해져 가는 조선의 국운을 돌리기 위해 1897년 원구단에서 상제에게 천제를 올리고 '대한'으로 국호를 변경하고 황제로 등극하는 의례를 행해 대내외적으로 조선이 천자국임을 선포하고 있다.

소도의 형태는 시간이 지남에 따라 주변 여러 지역으로 전해지면서 점차 다양한 형태로 나타났다. 신라의 경우는 성소가 신궁·신사의 모습으로 나타나 『삼국사기』에는 신궁 설치에 대한 최초의 기록이 나온다. '신라본기'의 소지마립간 9년(487)에는 "신궁을 나을에 설치하였다. 나을은 시조께서 처음 사셨

---

40) 『삼국사기』에는 "次次雄或云慈充. 金大問云方言謂巫也."이라 하여 "차차웅은 또는 자충이라고도 한다. 김대문이 이는 방언으로 무당이란 뜻이다"라 했다. 남해 차차웅⇒자충=최고 존귀한 제사장을 일컫는 순수한 우리말이라는 주장(심재열)도 있고, 이능화는 『조선무속고』에서 신라방언 무당=차차웅. 웅=무당. 신시의 환웅에서 비롯된 것이라 하였다.

41) 『태종실록』 태종 16년 6월 1일.

던 거처이다."[42] 신라의 시조인 박혁거세가 태어나 살았던 곳(나을)에 신궁을 짓고 제사를 지냈다는 기록이다.[43]

또 『삼국유사』 '감통感通'을 보면, 선도성모仙桃聖母의 사당 설화에 신사神祠에 관한 기록도 나온다. 꿈속에 나타난 선도성모의 말을 따라 비구니인 지혜智惠가 꿈에서 깨어나 무리를 이끌고 신사神祠에 갔다는 내용이다.[44] 여기서 신사神祠에 대한 기록도 의미가 있지만, 선도성모도 주목할 만하다. 『태백일사太白逸史』에서는 선도신모의 이름을 '파소婆蘇'라 하였다.[45] 권별權鼈(1589~1671)의 『해동잡록海東雜錄』에도 '파소婆蘇'로 기록되어 있다.

이에 대한 이강식 교수의 해석이 이채롭다. 그는 파婆는 할머니로, 파소부인은 '소도의 큰 어머니'라 해석했다.[46] 그리고

---

42) "置神宮於奈乙. 奈乙, 始祖初生之處也."

43) 신궁을 설치한 나을의 위치에 대한 견해가 분분하다. 나을을 蘿井으로 보아 지금의 나정으로 보거나(이병도) 나을을 奈歷과 관련시켜 狼山에 있는 것으로 추정하기도 했다(문경현). 최광식은 소도에서 이루어졌던 것과 유사하게 의례가 행해지는 도당굿과 임금의 즉위의례가 행해진 곳에 주목하여 남산자락의 都堂山으로 보았다(최광식, "新羅 上代 王京의 祭場,"『신라문화제학술발표논문집』, Vol.16 No.1, 1995, 80-81쪽).

44) 『삼국유사』 권 5 감통感通 제7 '선도성모수희불사仙桃聖母隋喜佛事.'

45) "斯盧始王 仙桃山聖母之子也. 昔 有夫餘帝室之女婆蘇 不夫而孕 爲人所疑 自嫩水 逃至東沃沮 又泛舟而南下 抵至辰韓奈乙村 時 有蘇伐都利者 聞之 往收養於家 而及年十三 岐嶷夙成 有聖德." 또 『삼성기 상』에서는 "乙未 漢昭時 進據夫餘故都 稱國東明 是乃新羅故壤也" 했다. 눈수는 '지금의 만주 흑룡강 서부와 내몽골 자치구 동북단의 경계를 흐르는 강'으로 보인다(『만주원류고』 참조).

46) 이강식, "선도신모가 화랑도조직의 기원이라는 변증", 『신라학연구소 논문

파사婆娑는 '편안히 앉은 모양'으로 '파사소도부인'은 '소도에 주석하고 계시는 큰 어머니'라는 뜻으로 보았다.[47] 곧 편안히 앉은 모양, 파사는 종교적으로 단전호흡, 명상을 하는 모습이란 지적이다. 박용숙이 말한 소도에서 수행자의 모습과 다르지 않다.

그리고 신라에 불교가 들어오기 이전에 존재했던 7개의 가람터도 주의할 필요가 있다. 앞으로 "계림鷄林에서 성왕聖王이 나서 불교를 크게 일으킬 것이다. 그 나라 안에 일곱 곳의 절터가 있으니, …천경림天鏡林(興輪寺) … 삼천기三川岐(永興寺) … 용궁龍宮의 남쪽(皇龍寺) … 용궁龍宮의 북쪽(분황사) … 사천미沙川尾(靈妙寺) … 신유림神遊林(天王寺) … 서청전婿請田(曇嚴寺) … 이

=경주 계림과 낭산의 모습

집』2호, 위덕대 신라학연구소, 1998, 77쪽.

47) 이강식, 1998, 77쪽.

곳은 모두 불교 이전 때의 절터(前佛時伽藍之墟)"라 했다.[48] 이 가람터들은 불교가 신라에 들어오기 전에 있었기 때문에 불교와는 무관한 곳들이다. 이강식 교수는 "신라의 전불 7가람이 불교 전래 이전의 신궁-신사였을 것"이라 주장하였다.[49] 곧 이 가람터들이 천신을 받들었던 성소인 신성지역, 곧 소도의 변화된 형태인 신궁터란 뜻으로 보아도 큰 무리가 없을 것이다.

천경림天鏡林은 하늘(天)과 거울(鏡) 그리고 숲(林)이란 이름에서도 알 수 있듯이 천신天神에 대한 제장祭場, 곧 소도로 고래의 토착신앙 세력들이 성소로 여기던 곳이었다. 신라 왕실이 왕권 강화를 위해 외래종교인 불교를 적극적으로 수용하면서 이곳에 절을 세운 것은 신라 귀족 세력들이 신앙하던 천신을 누르고 불교를 통해 사상적인 통일을 이루기 위한 조치였다.[50]

신유림神遊林 역시 천신들이 노닐던 숲으로 큰 나무(大木) 신앙의 제장이었다. 『삼국사기』를 보면, "신라 실성왕實聖王 12년(413) 8월에 낭산狼山[51]에서 구름이 일어났는데, 구름이 누각

---

48) 『삼국유사』「阿道基羅」

49) 이강식, 『화랑세기』를 중심으로 본 신라 천신교와 신선합일 조직사상에서 형성한 화랑도조직의 창설과정", 『경주문화논총』 4집, 2001, 16쪽.

50) 이차돈이 순교하게 된 결정적 계기가 이 천경림에 사찰을 지으려고 한데 대해 귀족들이 반대했기 때문이었다(최광식, "新羅 上代 王京의 祭場," 『신라문화제학술발표논문집』, Vol.16 No.1, 1995, 70-71쪽).

51) 낭산은 경주시의 동쪽에 위치하여 남북으로 길고 낮은 세 개의 봉우리가 이어져 소구릉을 이룬 해발 100미터, 102미터, 115미터의 작은 산으로 도성에서 본다면 진산으로서의 역할을 한다. 현재 낭산 주변에는 선덕여왕릉善德女王陵, 진평왕

같이 보이고 사방에 아름다운 향기가 퍼져 오랫동안 사라지지 않았다"고 했으며, 이를 본 왕은 "하늘의 선령仙靈이 하강하여 노는 것이 틀림없다고 생각하고 낭산을 신령스러운 곳으로 여겨 그 후에는 낭산에서 나무를 베지 못하게 하는 등 낭산을 신성시했다. 신라인들은 낭산을 신유림神遊林이라고 하여 숭상하였다"고 전해진다. 낭산은 신성스러운 곳이었고 이 곳의 나무들은 성목聖木이며 신단수神檀樹였던 것이다.[52] 계림鷄林 숲도 소도의 성스러운 터전이었고 나무들 역시 성목이었다. 이처럼 신의 강림처요 수호신과 같은 숲을 베고 사찰이 들어섰다는 사실은 신성스러운 장소의 연속성을 강조하면서 불교신앙이

릉眞平王陵 등과 사천왕사지四天王寺址, 만덕사지望德寺址, 황복사지皇福寺址, 보문사지普門寺址 등의 절터 등 유물과 유적이 산재해 있다.

52) 이와 관련하여 흉노의 풍습과 김일제 이야기도 주목할 필요가 있다. 흉노의 풍습을 말하면서 "천제天帝를 형상[像]한 동인銅人을 휴도라 이름하니 곧 수두의 역譯이다. 휴도의 제제祭를 맡은 자를 휴도왕이라 하여 또한 단군이란 뜻과 비슷하며 휴도에 삼룡三龍을 사사祠하니 용은 또 신을 가리킨 것이니 삼룡三龍은 곧 삼신"(신채호, 이만열 역, 『조선상고사』, 115쪽)이라 하였다. 『사기史記』 '흉노匈奴열전'과 『한서漢書』 '표기驃騎열전'은 한 무제武帝 때 흉노의 휴도왕休屠王을 정벌한 이야기가 전한다. 휴도왕을 죽이고 그가 사용하던 '제천금인祭天金人'을 거두었다는 것이다. 제천금인이 무엇일까? 사기 주석서인 『사기 색은索隱』은 "금으로 사람을 만들어 하늘에 제사 지내는 것(作金人以爲祭天主)"이라고 설명하고 있다. 그만큼 흉노족은 금을 숭상했다는 뜻이다. 『한서』 '김일제金日磾열전'은 휴도왕의 태자太子(김일제)가 한나라에 끌려와 황문黃門에서 말을 키웠는데, 망하라莽何羅라는 인물의 반란을 막은 공으로 투후秺侯에 봉해졌다고 전한다. 그가 현재 서안西安 무제의 능陵 곁에 묻힌 김일제인데, 김씨라는 성은 '제천금인'했던 선조들의 전통을 따른 것이다. 그런데 삼국통일을 완성했던 신라 30대 문무왕文武王(?~681)의 『문무왕비문』은 자신들의 뿌리를 '투후 제천지윤(秺侯, 祭天之胤)', 즉 '하늘에 제사 지내던 투후의 후예'라고 적고 있다.

토착신앙을 대체했다는 것을 말한다.

　이상에서 살펴본 소도문화를 정리하면 성소聖所에 대한 소도 신앙, 천제天帝을 모시는 신앙, 신단수인 대목大木신앙, 신단수 아래에서의 제천의례 등의 모습 등이다. 이를 요약하면 다음과 같다.

　① 소도는 삼신상제께 천제를 올리는 제단 곧 신단을 중심으로 한 일정 지역이었고, 소도의 원형은 태백산의 수림(숲)이었다. 이러한 소도 주위에는 금줄이 매어져 있었다. 소도의 옆에는 경당이 있으며 여기서 문무에 정진한 젊은이들이 낭가이다.

　② 소도에는 신단수인 큰 나무가 있었고 여기에 방울과 북을 걸어놓고 신을 섬겼다. 소도제천할 때에는 신단수 주변에서 가무새신이 이루어진다.

　③ 소도에서 제사를 주관하는 자(제사장)가 천군이었다. 제정일치 시대에는 오직 천자만이 하늘에 제사지낼 수 있었고, 단군은 제사장이었다.[53]

---

53) 이러한 소도가 기독교의 지성소 사상과 유사하다는 주장도 있다. 다윗왕의 아들 솔로몬이 지성소를 세우는데 이것이 이스라엘 성전 성막 역사의 시작으로 보는 것이다. 솔로몬의 지성소처럼 소도 문화도 하늘 천제께 배례하고 기도하며 천제를 만나는 성소이다. 또 십자가는 솟대와 같은 의미로 인간과 천제를 이어주는 역할을 한다고 본 것이다. "솟대와 기독교 십자가는 같은 뜻으로 인간과 '한'님 사이를 이어주는 역할"을 한다(권천문, "한민족의 사상과 아브라함의 종교" 한민족 정신지도자 연합회 '국혼부활 한민족 천손문화 주제강연회' 2011. 1. 17에서).

다음 장에서는 지금까지 살펴본 소도문화와 함께 일본의 신사문화가 지닌 특징을 살펴보고자 한다. 문화의 속성은 쉼 없이 흐른다는 것이다. 문화는 체계성이라는 속성도 있다. 여러 문화적 특성들이 서로 접촉하면서 처음에는 어울리지 않는 듯 보였던 문화내용들이 서로 어울리게 된다. 일본의 신사문화의 특징들을 살펴보고, 소도문화와 어떻게 유사한 모습을 보이는지를 비교하고, 마지막으로는 일본 신사의 총 진수격인 이세신궁의 창사 유래와 그 특징에 대한 고찰을 통해 한민족 소도문화와의 친연성을 밝혀보고자 한다.

3. 일본의 신사문화

1) 쓰시마의 성소, 솟도卒土

한반도에서 일본열도로 건너가는 중간 지점인 쓰시마對馬島는 고대 한일韓日간 성소문화의 흐름이나 친연성을 살필 때 중요한 곳이다. 이곳 쓰시마에는 천동天童신앙 또는 천도天道신앙[54]이 있다. 일종의 영산영지靈山靈地 신앙이다. 천도신앙은 높은 산록山麓의 울창한 밀림지대거나 나지막한 높지 않은 언덕의 숲을 대상으로 하기 때문이다. 그런데 놀라운 것은 쓰시마에서는 이러한 신성구역을 솟도卒土라 부른다는 사실이다. 물론 천도 성지인 솟도는 성소聖所이다.

이러한 천도신앙의 중심이 되는 천도단天道壇은 쓰시마 전역에 있다. 임동권은 하현下縣에 위치한 쯔쯔豆酘지역을 중심으로 모두 36개소 이상의 천도지天道地를 조사하였다.[55] 현재 이곳은 대부분 마을이 들어서 있다. 마을이 생기기 전에는 원시림으로 불가침의 신성스러운 성소였다고 하였다. 또 모든 마을마다 천도지가 대부분 있었을 것이라 지적했다.

---

54) 옛 기록에는 천동신앙이라 했고, 현재는 천도天道신앙이라는 명칭을 주로 사용하고 있다. 천동은 하늘에서 강하한 어린아이 모습(童形)의 신을 말한다.

55) 임동권, "對馬島에 傳播된 韓文化 : 天道信仰을 中心으로", 『韓國民俗學』, Vol.21 No.1, 1988, 179쪽.

천도지의 형태는 다양하다. 대부분은 오래된 큰 나무(古樹)나 암벽 밑에 있다. 또는 한국사회의 성황당에서 볼 수 있듯이 인위적으로 돌을 쌓아 신성지역(神域)임을 표시한 경우 등도 있다. 경우에 따라서는 단 또는 탑을 쌓은 형태도 있었다. 이는 대부분 근래에 들어와 조성된 것으로 보여졌다. 아마 처음 형태는 자연 그대로 오래된 큰 나무 밑이나 암벽 밑에 있었을 것이라 추정하였다.

그 중 대표적인 곳이 쯔쯔묘酘 지역 일대의 천도 성지이다. 이곳 천도지는 천도동자의 탄생지라고 한다. 천도단은 천도동자가 입정入定한 묘라고도 하나 학자들 사이에는 견해가 다양하다. 이 천도단의 모습은 한국에서 서낭당을 떠올리게 하는 형태이며, 주변 사람들은 성소로서의 금기를 엄격히 지켰다. 주변에 있는 다테라산龍良山(559m)은 솟도산卒土山이다. 주변에 마을이 있으나 이것은 후에 생긴 마을이다. 그 전에는 원시림

▪쓰시마의 다쿠츠 신사

으로 불가침의 신성스러운 성소였다.[56]

쓰시마 북쪽의 사고佐護 지역에 있는 다쿠츠多久頭 신사는 일본 신사문화의 원형을 보여준다는 점에서 중요한 곳이다. 오늘날 일본의 신사들을 보면, 거의 대부분 건물 구조가 배소拜所와 사전社殿이 있고 거울이나 칼 등의 신체神體가 모셔져 있다. 그러나 다쿠츠 신사에는 사전社殿도 없고 신체神體도 없다. 다만 배소拜所만 있을 뿐이다. 그런데 배소 뒤에는 신성시되는 천신산天神山 또는 천도산이 있다. 이를 신체산神體山이라 한다. 일본 신도神道에서 성지로 여기는 고천원高天原(타카마노하라)과 같이 산을 신체로 신성시하는 것이다. 일정한 지역의 경내를 신성한 영지 곧 성소로 생각한다. 이곳을 숭배하고 이곳에서는 금기를 지킨다. 신체神體는 산이나 언덕의 숲 자체가 되고 있는 것이다.

일본학계에서는 이곳을 일본 신도의 원시적인 형태를 보유한다고 보아 주목하였다. 그런데 모두가 짐작할 수 있듯이, 이곳은 앞서 살펴본 소도와 여러 면에서 유사한 점을 지녔다. 뿐만 아니라 많은 연구자들도 이러한 천도신앙이 마한의 소도신앙과 상당히 유사하다는 사실을 지적하였다.[57] 더욱이 쓰시마의 '솟도'는 더욱 더 한일韓日 성소문화의 친연성을 확인

---

56) 임동권, 183-184쪽.
57) 대부분 이를 문화전파라는 관점에서 바라보았다.

시켜 주는 용어이다. 이를 우연한 것으로 보기는 어렵다. 임동권 역시 쓰시마 지역이 한반도와 일본의 중간 지점에 위치한 지리적 위치로 인해 고대부터 문화전파의 통로였다고 보고, 천도신앙은 마한의 소도신앙이 이곳에 토착되었다고 보았다. 이것이 점차 일본 본토의 신사문화로 전개되었다고 본 것이다.[58]

=다쿠츠신사 경내의 신목　=다쿠츠신사에는 사社가 없다. 성역 경계만 있다.

---

58) 임동권의 글(1988)에는 쓰시마의 천도신앙에 대한 기존 연구들이 자세하게 소개되었다. 岡谷公二는 신사의 기원이 고대 한국에 있다고 보고, 쓰시마의 솟도와 같은 형태로 오키나와의 우다키御嶽, 제주도의 당堂과 같은 성스러운 숲(森)을 비교 연구하기도 하였다(岡谷公二, 『原始の神社をもとめて 日本・琉球・濟州島』, 平凡社, 2009). 19세기 말 구메 쿠니다케의 연구(久米邦武, "神道は祭天の古俗", 『史學會雜誌』 10-12월, 1891)와 일제 강점기의 최남선의 연구(최남선, 『朝鮮と神道』, 中央朝鮮協會, 1934)도 일본 신사와 고대 동북아 제천문화의 유사성을 고찰한 것이었다. 이병남도 천도신앙은 쓰시마에만 한정된 것이 아니라 북부 규슈지역에도 전파된 것으로 보았다(이병남, "日韓シャマニズムの比較研究", 同志社大學 博士論文, 1997, 358쪽).

2) 일본열도의 백산신앙[59]

백산신앙은 한반도로부터 일본열도에 전해져 지금도 그 흔적이 많이 남아있다. 특히 호쿠리쿠北陸의 가가加賀, 무사시武蔵(현재의 관동關東지방), 미노美濃(현 기후현岐阜県), 에치젠越前(현 후쿠이현福井縣) 등에 널리 분포되어 있어 찾기 어렵지 않은 신앙이다.

백산신앙은 산을 신앙의 대상으로 하는 원시 산악신앙이다. 구체적으로 말한다면, 호쿠리쿠北陸에 위치한 백산白山(하쿠산)[60]을 예전부터 신성한 산으로 우러러 온데서 형성된 신앙이다.[61] "백산은 단순히 '하얀 산'이 아니다. 그것이 의미하는 것은 '햇빛에 비추어 빛나는 산'이다. 그 성스러운 태양신앙의 산을 매일 바라본 그 일족이 동해를 건너왔을 때, 수평선 저쪽에 최초에 보았던 것이 일본열도 가가加賀의 백산白山이 아니었을까." 여기서 '그 일족'은 백두산을 주봉으로 한 함흥, 간도, 두만강 유역의 광대한 지역에 살았던 거주민들이다. 그들은

---

59) 이 내용은 책의 두 번째 부분 "광명문화와 백산신앙"에서 별도 글로 자세히 다루었다.

60) 백산은 현재 후쿠이현과 이시가와현石川県 및 기후현의 경계 지역에 솟아있는 고산이다. 산의 주봉인 고젠봉御前峰은 2702미터이다. 고대에는 이 지역이 에치젠, 미노, 가가라는 옛날 지명의 경계에 속했다.

61) 고고민속 연구가인 菊池山哉(1890-1966)의 『白の民俗學 白山信仰の謎を追って』河出書房新社, 2006) 참조. 고대 말에 타이쵸泰澄가 산에 올라 경배하여 산문山門이 열리면서, 중세에는 백산수험白山修驗이 자리하게 되었다. 이 백산수험의 신앙권은 호쿠리쿠北陸를 거쳐 동북지방으로 확대되었고, 또 전국 각지의 백산신사白山神社는 백산수험에 의한 신앙권 확대의 결과로 보여진다.

고구려 족과 같은 예·맥계의 일족이며, 7세기 말 고구려가 멸망한 후에는 발해국의 일족이 되었다.

발해는 일본과 빈번한 교류를 하였다. 해로海路를 통해 발해는 727년부터 811년 사이에도 몇 차례에 걸쳐 일본에 사절을 보냈다. 최초의 국사國使가 진키神亀 4년(서기 727)에 도착했고, 그 후 발해가 거란契丹에 멸망하기까지 34회나 국사를 보냈다. 국가 사신을 태운 발해의 배가 건너 온 곳이 노토能登반도를 중심으로 한 호쿠리쿠 지역이다. 노토지역에는 '노토 객원能登客院'(현재의 이시카와현 후쿠우라 해변 추정) '마쓰바라 객원松原客院'(현재의 쓰루가시)이라는 접객 시설을 율령정부에서 건설할 정도였다. 이렇게 교류하는 동안, 이 지역의 신앙과 민속이 일본열도로 전해져 백산신앙으로 자리잡아 나갔다.

–호쿠리쿠에 위치한 백산의 모습

또 (가가의)백산白山신사 주변에는 예로부터 표박민漂泊民(배를 타고 떠도는 사람들)이 집단으로 정주定住하고 있는 것으로 알려져 있다. 이를 단순히 우연이라고 봐서는 안 된다. 대륙에서 일본을 향한 방위는 태양이 솟는 방향이다. 곧 태양을 향한 길이었다. 백신白神은 태양(日)의 신이다. 천손족인 기마민족은 한반도에서 태양이 솟는 일본을 향해 남하동진南下東進하였다. 표박민도 똑같이 태양을 향해 한없이 가까운 곳을 찾아 길을 나아갔다. 그 종착지가 여기였던 것이다. 여기서 그들은 백신白神을 모셨다. 천손족의 백신白神을 권청勸請[62]해서 공동의 신으로 모셨던 것이다.

보다 구체적인 지적도 있다. "시베리아의 샤마니즘 문화권에는 백 샤만과 흑 샤만이 있어, 그들은 신의 일(神事)를 행하고 있다. 특별한 사례를 제외하면 백 샤만은 착한 신(善神), 흑 샤만은 나쁜 신(惡神)의 성격을 띠며 그러한 역할을 담당한다. 그 백·흑 샤만, 곧 두(2) 신이 시베리아에서 중국 동북지방과 한반도를 통해 바다를 건너 일본까지 흘러 들어왔다."라고 하였다.[63]

백산신앙의 개조開祖인 타이쵸泰澄에 대한 기록을 살펴보자. 『타이쵸 화상 전기泰澄和尚傳記』(957)에 의하면, 타이쵸泰澄(682-

---

62) 신령을 옮겨 모시는 것을 말한다.

63) 金兩基, "白い神と黒い神の道—翁源流考," 前田憲二 外, 『渡來の原鄕 白山·巫女·秦氏の謎を追って』, 現代書館, 2010, 13-14쪽.

767)는 백산신의 계시를 받고 백산에 입산하여 감득하였다 한다. 그가 활약한 시기가 7세기 후반부터 8세기 전반이다. 여기서 주목되는 것이 백산신白山神, 즉 백산신앙白山信仰의 중핵을 이루는 신앙 대상인 여신女神 구구리히메신菊理媛神이다. '구구리히메(ククリヒメ)'는 '고구리히메(コウクリヒメ. 高句麗媛, 고구려 여신)'인 것이다.

뿐만 아니다. 타이쵸의 속칭은 '삼신三神(미카미)'이라는 성씨를 가졌다. 주지하다시피 삼신은 한민족의 독특한 천신으로 고대 천제에서 모셨던 신이다. 『계람십엽집溪嵐拾葉集』에는, 타이쵸의 아버지 미카미노야스즈미三神安角가 하타씨秦氏[64]의 후

---

64) 『일본서기』에는 한반도에서 도래한 기록들이 다수 남아있다(김철수, 『한민족과 일본고대사』 참조). 그 중 대표적인 기록이 궁월군弓月君이다. 그는 신라계의 도래인으로 보고 있다. 이 궁월군의 후손으로 일컬어지는 저명한 가문이 바로 일본 고대사의 주역 중 하나인 하타씨秦氏이다. 7세기 초두에는 쇼토쿠 태자聖德太子와 친교했던 하타노카와카쓰秦河勝(교토 廣隆寺의 祭神)를 비롯하여 율령시대(701년 이후)에도 다수의 하타씨 가문 사람들이 중앙에서 활약했다. 그 중심은 야마시로국山背国(현재의 교토시)에 거점을 가진 하타씨 일족으로서 환무천황桓武(칸무)天皇에 의한 헤이안 천도平安遷都의 배경에도 이 하타씨의 존재가 작용했다고 여겨진다. 하타씨는 기내畿内를 중심으로 폭넓은 범위에 분포했다고 알려지고 있으나, 실은 에치젠越前에도 하타씨 가문의 인물이 율령시대에 있었다. 그리고 하타秦氏를 제사하는 신사들도 있는데, 교토 아라시야마嵐山의 松尾大社와 그 섭사인 月讀神社이다. 전자는 오늘날 酒造神으로 널리 존숭되고 있고, 후자는 3貴神(天照大神, 月讀尊, 素盞嗚尊)의 하나와 연결되어 있다. 그 외에도 교토에는 秦河勝이 반가사유상-목재의 赤松는 한반도에서만 나는 종류로 확인된다-을 모시는 이름높은 우즈마사코류지太秦廣隆寺가 있으며, 여기서는 奇祭의 牛祭가 주의를 끌고 있다. 모두 하타씨와 집중적으로 연결되어 있다. 교토에 총본사를 둔 이나리신사稲荷神社도 야마토에서 교토의 땅에 진출한 秦氏가 氏神으로 하여 제사하면서 급속한 발전을 이뤘다. 여우(狐)를 神使로 하고, 붉은(朱) 도리이를 세워, 일반서민

손이며, 동해에서 한반도와 일본열도 사이를 오가며 생활하였다고 기록되었다. 만약 이 전승에 틀림없다면, 한반도와 일본열도를 맺는 절호의 위치에서 활동했던 셈이다.[65] 또 타이쵸의 어머니[66]는 백옥白玉의 수정水晶이 가슴 속으로 들어오는 꿈을 꾸고 임신했다. 이는 단군신화 및 고구려 동명왕 전설, 그리고 뒤에 보게 될 신라왕자 천일창天日槍 신화에 보이는 일광감정설화日光感精說話 및 난생설화를 연상케 한다.

이처럼 백산신앙은 한반도와의 연결이 중요하다. 또 그래야만 의문이 풀린다. 일본에서 백산신앙을 백두산(태백산)과 나란히 논한 것은 미즈타니 게이이치水谷慶一 (연출)감독이 1975년 10월 NHK 특집으로 다루며 백두산 천지天池를 오르면서부터이다. 그는 야마토大和의 미와산三輪山 근처에 있는 하시하카箸墓 고분을 통한 동서東西의 선상線上에 고대유적이 집중된 의문을 추적하면서, 고대 조선의 태양 신앙과의 관련성을 논했다.[67] 이 과정에서 백산신앙의 여러 의문을 푸는 중요한 열

에게 친한 것은 뒷날의 일이다. 대대로 秦氏가 神官으로 근무하고, 매년 11월 18일의 御火焚祭에는 宮廷神樂인 '가라카미韓神'가 연주되어, 도래의 전통을 지금도 전하고 있다.

65) 타이쵸는 동시대인으로 같은 도래인의 후손인 道昭, 行基(왕인의 후손), 玄昉(법상종의 고승)과 교류하였고, 산림에서의 수행 및 도망역민逃亡役民을 조직하여 활동하는 등 다양한 일화를 남겼다.

66) 타이쵸의 어머니는 伊野(이노, 이네)인데 이는 고대 조선어의 '母=에비네'에서 '비'음이 탈락한 것으로 볼 수 있다.

67) 水谷慶一, 『知られざる古代—謎の北緯34度32分をゆく』, 日本放送出版協会,

쇠의 하나를 고대 조선이 쥐고 있다는 사실을 밝힌 것이다.[68] 물론 그러한 백산신앙의 중요한 거점은 태백산이다.[69] 신채호가 광명신의 서숙소인 수림으로 보았던 백두산인 것이다. 백의민족, 백두산, 태백산 등의 '백白'이 모두 백산신앙과 관련되었다고 보았다.

한편 백산의 일본어 표기는 '하쿠산'[70]과 더불어 '시라야마'이다. 주지하다시피 '시라'는 신라건국의 중심 부족이었던 사로족斯盧族에서 유래된 것이다. 일본에서는 신라를 '시라기'로 부르며 '新羅 또는 白白, 白木, 信羅貴, 志木, 斯羅城' 등으로 표기하였다. 이는 백산신앙이 신라와 관련되어 있음을 짐작케 해준다.

백산신앙은 한반도에서 어떤 경로로 일본열도에 전해졌을까? 한반도 동해안을 남하한 백산신앙이 일본열도에 상륙한 것은 두 지점이었다. 한 곳은 쓰시마를 중개지로 한 북큐슈北九

1980.

68) 혼고 마사쓰구本鄕眞紹 리츠메이칸 대학 부총장은 '백산사상과 단군과 타이쵸泰澄-산악신앙의 원류 고찰'이라는 주제로 일본 하쿠산白山의 산악신앙은 한반도의 영향을 받았다고 주장했다. '백산에 대한 신앙이 실은 한반도로부터 이 지역으로 건너와서 정주한 사람들에 의하여 그들의 고향의 신앙의 영향을 받아 성립되었다'는 주장이다.

69) 前田憲二 外, 『渡來の原鄕 白山·巫女·秦氏の謎を追って』, 現代書館, 2010, 23쪽.

70) 백산을 '하쿠산'이라 음독하는 것은 에도 중기 이래이다. 그 전은 '시라야마'로 불렸다. 참고로 '센과 치이로의 행방불명'이라는 에니메이션에도 '하쿠신'이 나온다. 이 역시 백산신앙을 염두에 둔 신명神名이다.

州 지역이었고, 또 한 곳이 호쿠리쿠北陸였다. 호쿠리쿠 지역은 위에서 보았고, 쓰시마에도 천동天童(혹은 天道)신앙이 있었다. 천동天童은 일신日神과 물가(水邊)의 여신(무녀)과의 사이에 태어난 신(御子神이라 한다)이다. 하늘에서 내려온 어린이 모습을 한 (童形) 신이라 하여 천동天童이라 불렀다. 역시 이곳에서도 성스러운 산을 백산白山, 백악白岳이라 불렀고, 배소拜所[71]에는 사전 社殿이 없이 고목古木에 누석단累石壇을 설치하였다.

큐슈 북부에는 수험修驗의 산으로 유명한 히코산英彦山이 있다. 여기에도 백산신사가 자리하여 백산수험白山修驗 신앙[72]의 모습을 보여준다. 특히 『히코산유기彦山流記』를 보면, 히코산의 개조開祖를 등원환웅藤原桓雄(후지와라 강유)이라 하였다. 이는 한민족의 환웅桓雄성조를 가리킨 것이 명백하다.[73] 또 히코彦 역시 '日子(히코)'의 뜻으로 천동天童 신앙을 말한다.

북큐슈 지방에는 이외에도 한반도와 관련된 흔적들이 보인다. 그 한 예로 하치만 신앙八幡信仰을 들 수 있다. 하치만 신앙

---

71) 천도신앙天道信仰에서 침범할 수 없는 성역聖域을 천도시게(天道シゲ)라 하며, 그곳에 사는 것은 금기禁忌이다.

72) 수험도修驗道는 일본 고대의 산악신앙이다. 산악을 신이 머무는 장소로 보거나 혹은 산 자체를 신이라 생각하여 산악에서 수행해 주력呪力을 몸에 익혀 민간에서 주술과 기도를 행한다. 각지의 성산聖山에는 산악 수행자가 있으며, 이렇게 '겐험驗을 연마하는(修)' 사람을 슈겐자修驗者 또는 야마부시山伏라 한다.

73) 前田憲二 外, 『渡來の原鄕 白山·巫女·秦氏の謎を追って』, 現代書館, 2010, 60쪽. 또 윤광봉은 아이치현愛知縣 도에이東榮에 있는 하쿠산白山신사에서 거행된 산신제를 보고 난 뒤에 우리 옛 문화의 실상을 확인할 수 있었다고 한다(尹光鳳, 『일본 신도와 가쿠라』, 태학사, 2009, 6쪽).

의 중심은 오이타현大分縣 우사시宇佐市에 건립된 하치만八幡 신궁이다.[74] 하치만 신궁은 나라조 때 응신應神(오진)천황의 명에 의해 세워졌으나 원래 신앙은 해신海神, 가지신鍛冶神, 하타씨신秦氏神, 하루만(ハルマン)신을 모셨다. 후젠豊前은 하타왕국秦王國의 별칭이라 할 정도로 도래인이 농밀濃密하게 이주한 땅으로, 쇠를 다루는 가지鍛冶와 함께 샤마니즘도 성행했다. 도래인의

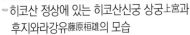
－히코산 정상에 있는 히코산신궁 상궁上宮과
　후지와라강유藤原桓雄의 모습

74) 하치만八幡 신앙의 본사本社는 우사하치만宇佐八幡이지만, 그 전신은 秦氏系 도래인 가라시마씨辛嶋氏가 가와라香春岳에 제사한 것이다. 중세에는 미나모토씨氏源氏가 신앙하여 각지에 분사分社가 널리 퍼져 오늘날에는 최대의 신사수神社數를 갖게 되었다. '하치만이나리하치만八幡稲荷八万'이란 말이 있다. 하치만신과 이나리신을 받드는 신사가 일본열도에 각각 4만씩 모두 8만이 된다는 말이다. 또 하치만신은 달리 야하타八幡신이라고도 하는데, '야하타'라는 의미에 대해서는 많은 설이 있다. 그 중 '많은 하타幡', 결국 다양한 색을 단 깃발을 단 신목神木을 세워 천신을 부르고, 주변을 군집群集이 춤추고 노래하는 한반도에서의 신사神事에 유래한다고 설명하는 것이 일반적이다.

농경문화, 철 문화와 함께 도래인 하타씨와 '할머니의 신'을 모신 것이다. 하치만 신궁은 우리나라에서 도래한 민족의 '할머니 신'을 섬기는 곳이었다. 일본열도의 신들이 도래신이라는 것이 암묵적으로 알려주고 있는 것이다.

이를 오리구찌 시노부折口信夫는 마레비토客神[75] 신앙이라 하였다. 일본에서는 타계他界 또는 이향異鄕에서 온 내방신來訪神을 객신客神이라 한다. 곧 도래인들과 함께 일본열도 외부에서 들어온 손님신이다.[76] 고대 일본열도에 이러한 도래의 물결은 2세기 경부터 8세기에 걸쳐 크게 이루어졌다.

백산신도 도래신이다. 백산신은 한반도에서 바다 건너 온 내방신來訪神이다. 참고로 교토의 히에산比叡山 엔랴쿠사延曆寺는 수호신인 칠사七社의 하나로 백산신사를 권청勸請하여 그것을 객인사客人社라 불렀다는 사실에서도 알 수 있다. 또 신사의 마쯔리에서 미코시神輿를 메고 끌 때 "왔쇼이, 왔쇼이"라 소리치는 것도 '신이 도래했다'라는 의미이다. 한국어 '왔소, 왔소'의 뜻인 것이다. 존경하는 신의 도래성, 내방성, 객인성을 기쁘게

---

75) 신라 및 발해로부터의 사자使者를 '번객蕃客'이라 불렀다는 사실도 참고할 만하다.

76) 『연희식延喜式』 권 제10의 「신명장神名帳」에 의하면, 객신, 곧 한국과 관계된 신사로 가라쿠니辛國 신사, 고마許麻 신사, 가라카미사韓神社, 미카도神門신사, 가라쿠니이다테韓國伊太低 신사, 다마츠쿠리유玉作湯 신사, 이야損夜 신사, 아스키阿須岐 신사, 이즈모出雲 신사 등과 삼국의 이름이 붙은 신라신사, 고려신사, 백제신사 등 다수가 있다(윤광봉, 『일본 신도와 가구라』, 태학사, 2009, 17쪽).

맞이하는 것으로 보인다. 신사는 아니지만 하타노가와가츠秦河勝와 관계 깊은 오사카大阪의 사천왕사에서는 근년 '사천왕사 왔소'라는 이벤트를 기획하여, 매년 성대히 개최된다.

『고사기』를 보면, 대년신大年神(오오토시노가미)의 계보에 가라카미韓神, 소호리曾富理 신, 시라히白日 신 등이 나온다. 이러한 신들도 도래신인 것은 명백하다. 가라카미韓神는 그 명칭으로 보았을 때도 한국, 결국 고대 조선의 신이다. 그런데 일본 왕실에서는 지금도 가라카미韓神를 모시고 있다. 『연희식延喜式』(927)은 궁내성 좌신坐神 삼좌三坐로서 한신사韓神社 2좌, 원신사園神社 1좌를 들고,[77] 사시제상四時祭上에 봄 2월, 겨울 11월 축丑날에 제사한다고 적혀있다. 양사兩社는 함께 하타秦씨가 제사하던 신이었지만, 헤이안 경京이 조영된 후 그 땅을 지키는 신이 되어 궁내성에서 제사하는 신이 되었다.

일본 왕실의 궁중에서 불리어지는 가쿠라神樂 노래에는, 고대 한민족의 소도제천 행사에서 불렸던 '어아가'처럼, '한신'의 노래가 있다.[78] 그 노래는 "미시마 무명 어깨에 걸치고"로 시작

---

77) 가라카미韓神는 백제계, 소노카미園神는 신라계의 이마키신今來神으로, 모두 스나노오 신 계통의 오토시노가미大年神의 아들이다. 이 신들에 대한 제祭는 무녀가 춤을 추는데 진행은 아지메阿知女 작법으로 한다. 음력 3월 18일에 제사가 있다(윤광봉, 2009, 91쪽). 어쩌면 이는 고조선 천제일인 대영절에 맞춘 듯하다.

78) 노래의 해석은 홍윤기의 해석이다. 그 노래 앞에 시작되는 부분에 대해서도 홍윤기는 고대 한국어로 풀어야만 한다고 주장하였다. "本方拍子取利出 音 阿知女 於於於於 / 末方拍子取利出 音 於介 / 本方 阿知女 於於於於 / 本方 於介 / 本方 取 合 於於於於 / 本末共於云也 / 末方 於介." 홍윤기는 '일본 천황가가 한신韓神이라

하면서 '한신'을 부른다.

"미시마三島 무명 어깨에 걸치고,
나 한신韓神은 한韓을 모셔오노라.
한韓을 모셔, 한韓을 모셔 오노라. ....
팔엽반八葉盤을랑 손에다 쥐어 잡고,
나 한신韓神도 한韓을 모셔오노라.
한韓을 모셔, 한韓을 모셔 오노라."

노래에 있는 "韓招ぎ"는 문자 그대로 "한신을 모셔오자"라
는 뜻이다. 시라히白日신은 다양한 설이 있다.[79] 신라의 신이며,
또 시라히白日은 문자 그대로 하얗게(白) 빛나고 밝은 태양의
뜻으로, 한반도의 천공天空신앙 일월日月신앙 곡령穀靈신앙의 의
미를 지니기도 한다.

일본 신사의 입구를 보면, 어느 곳이나 토리이鳥居나 고마이
누狛犬[80]가 세워져 있다. 이것도 기층에 한반도 도래의 신앙,
민속이 농후하다는 증거이다. 토리이는 말 그대로 새가 있는

는 신을 모시고 있으며 그 신을 모시는 의식에서 읊어지는 노래가 한국어'라고 주
장하였다. 이 노래에 나타난 '阿知女', '於於於', '於介'가 한국어라고 주장하며, '阿
知女(아지메)'라는 말은 경상도 싸투리인 '아지매(아줌마)'이며 신라의 고귀하고
신성한 여성(여신)이라는 뜻이라고 해석하고 있다. 그리고 '於介'도 한국어의 "오
다"의 명령형(오게)으로 보고 있다.
79) 前田憲二 外, 『渡來の原鄕 白山·巫女·秦氏の謎を追って』, 現代書館, 2010, 72쪽.
80) 狛은 맥족의 貊에 유래한 것이다.

곳이라는 뜻이다. 새는 기본적으로 하늘을 주 무대로 하여 하늘의 소리, 즉 하느님의 뜻을 전하고 땅과 소통하는 존재를 말한다.[81] 곧 새는 땅과 인간과 하늘을 연결하는 신조神鳥이다. 우리가 살던 마을 입구에 새가 앉아 있는 솟대를 생각하면 토리이가 한민족과 무관하지 않음을 알게 된다. 고마狛는 고려高麗의 일본식 한자음이다. 여기서 고려는 고구려를 뜻하고 이누는 개이다. 결국 고마이누는 고구려의 개, 한국의 개를 말함이다.[82]

일본의 천황과 귀족들이 고구려나 백제로부터 개를 헌상받아 사슴 사냥을 즐겼다는 기록도 유의해봄직하다. 물론 신사에 사전社殿 및 부수하는 토리이나 고마이누가 구비되기 이전에는 쓰시마의 솟도와 같이, 또는 오키나와의 우다키御嶽와 같이 성스러운 숲(森)과 차이가 없었다.[83] 삿된 마魔를 제거하는 역할을 맡은 고마이누가 신사 경내에 진출한 것은 헤이안 시대 말기 천황의 앉는 자리(座) 좌우에 두었던 고마이누가 이동한 것이다.

---

81) 『주역』의 '풍택중부風澤中孚' 괘에 "한음등우천翰音登于天"이라 하여 '새소리가 하늘위로 올라갔다' 했고, '뇌산소과雷山小過' 괘에서도 "飛鳥遺之音 不宜上宜下大吉"(비상하는 새의 소리가 위로 그대로 올라가게 되면 마땅한 일이 못되고, 아래로 내려오면 대길이라)이라 하여 새에 관한 이야기가 나온다.

82) 이 개가 한국의 삽살개라는 설도 있다. 이렇듯 고구려 개로 시작된 고마이누는 시간이 지나면서 점차 사자의 형상으로 변했다.

83) 岡谷公二, 『原始の神社をもとめて 日本·琉球·濟州島』, 平凡社.

3) 일본의 신궁·신사

(1) 신체산神體山과 성소신앙

일본에서 신사를 뜻하는 사社는 야시로(ヤシロ)라고 한다. 그 어원은 '야(ヤ) = 屋' + '시로(シロ) = 영역領域'이며, 신의 자리(座)를 세우기 위해 설치된 특별한 장소이다. 곧 야시로는 '신의 땅(神地)'라는 의미로 성소이다. 그러나 이러한 야시로가 반드시 상설常設의 신神의 궁宮, 신전神殿, 사전社殿을 의미했던 것은 아니었다.

쓰시마의 천도신앙에서도 볼 수 있었듯이 오늘날처럼 신사에 사전社殿 및 그에 부수하는 토리이鳥居, 고마이누狛犬가 구비되기 이전에는, 신사는 단지 성스러운 숲(森)과 차이가 없었다.[84] 곧 고대 일본신사의 원형을 보면, 신사에 본전本殿이나 신전神殿, 사社 등이 항상 설치되었던 것은 아니었다. 신이 항상 신사에 상주常駐하지도 않았다.

고사古社로 알려진 나라奈良지역의 오오미와 신사大神神社를 살펴보면 이는 명확해진다. 오오미와 신사는 일본 최초의 국가인 야마토 왜大和倭 조정이 탄생할 정신적(종교적) 토대가 되었던 신사이다. 실존이 의심스럽긴 하지만, 일본왕실의 초대

---

84) 오카야 고우지岡谷公二는 신사의 기원이 고대 한국에 있다고 보고, 쓰시마의 솟도와 같은 형태로 오키나와의 어악御嶽(우다키), 제주도의 당堂과 같은 성스러운 숲(森)을 비교연구하였다(岡谷公二, 『原始の神社をもとめて 日本·琉球·濟州島』, 平凡社, 2009).

왕인 신무神武(진무)천황[85])이 규슈에서 야마토 지역으로 이동
('신무동정神武東征'이라 한다)하여 새로운 왕조를 열 때이다. 이즈
모出雲 지방의 스사노오 신素戔嗚尊(須佐之男命 스사노오노미코도)[86])
계열의 후손인 대국주신大國主神(오오쿠니누시노가미)도 야마토
지방으로 이동하였다.[87]) 그리고 대국주신은 "나는 일본국日本國
의 미모로산三諸山에 살고 싶다"고 하여 미모로산의 오오미와大

---

85) 만세일계를 주장하는 일본천황가의 1대가 신무천황神武天皇이다. 神日本磐
余彦尊 혹은 狹野尊이라 한다. 그리고 그 父는 彦波瀲武鸕鷀草葺不合尊이다. 그런
데 이와 관련된 『환단고기』의 기록이 있다. "BCE 723년 단제께서 장군 언파불합
彦波弗哈을 보내 바다의 웅습을 평정하였다."("茂午五十年帝遣將彦波弗哈平海上熊
襲"『환단고기』'단군세기') "BCE 667년 俠野侯 裵幋命을 보내 바다의 도적을 토
벌케 하였다. ...三島가 모두 평정되었다."("甲寅三十八年遣俠野侯裵幋命往討海上
十二月三島悉平"『환단고기』'단군세기') "BCE 2173년 豆只州의 濊邑이 반란을 일
으키니 餘守己에게 그 추장 素尸毛犁를 베게 명했다. 이 때부터 그 땅을 소시모리
라 하다가 지금은 牛首國이 되다. 그 후손에 陝野奴가 있는데 ..."("戊申十年豆只州
濊邑叛命餘守己斬其酋素尸毛犁自是稱其地曰素尸毛犁今轉音爲牛首國也其後孫有陝
野奴者逃出海上據三島僭稱天王"『환단고기』'단군세기')

86) 일본 신화의 머리도 삼신과 '신세 7대神世七代'로 시작되었다. 신세 7대란 조
화삼신에 이어 구니노도고다찌노미고토國常立尊에서 시작하여 이자나기伊耶那岐
尊, 이자나미伊耶那美尊까지이다. 모두 천신天神이었다. 7대 중 앞의 3대는 홀몸의
신이었다가, 뒤의 4대서부터는 음양 남녀의 짝신이었다는 점이 특이하다. 이들 삼
신과 천신들이 거주하는 곳이 다카마노하라高天原(이하에서는 편의상 '고천원'이
라 표기하겠다)이다. 7대의 마지막 신이 이자나기와 이자나미의 부부신이다. 이 부
부신은 세 자녀三貴子를 낳았다. 아마테라스오오노가미天照大神와 쯔쿠요미노
미코도月讀尊(月弓尊), 그리고 스사노오노미코도素戔嗚命(須佐之男命)의 세 신이
다. 아마테라스오오노가미는 고천원高天原을 다스리며 일본신화의 '천손강림天孫
降臨'과 연결된 일본 왕실의 황조신皇祖神이다. 쯔쿠요미는 밤의 세계를 다스리고,
스사노오는 바다를 다스리며 신라국에 살다가 이즈모 지방으로 이주한 신이다.

87) 大國主神은 오오모노누시노가미大物主神, 오오아나무치노미코도大己貴命이
라고도 불렸다. 이 신의 자녀는 181神이나 있다(『日本書紀』).

三輪의 신神으로 자리잡았다.[88] 미모로산(현재의 미와산三輪山이다)은 일본국 야마토 왜를 수호하는 신성스러운 신체산神體山으로 숭배된 산이었다.

- 미와산의 위치와 전경

----

88) "吾欲住於日本國之三諸山。… 此大三輪之神也"(『日本書紀』) "此者、坐御諸山上神也"(『古事記』). 이 신사에는 三柱鳥居와 三輪이 그려져 있어 일본신화의 조화삼신의 흔적을 찾아볼 수 있다.

이로 인해 미모로산의 오오미와 신사는 일본 최고最古의 신사가 되었으며, 많은 학자들은 여기서 신사의 시원을 찾는다. 보통 신사의 구조는 거울 등 신체神體가 모셔진 본전本殿과 일반인이 참배하는 배전拜殿이 있으나, 오오미와 신사에는 이러한 본전에 해당하는 것이 없다. 메이지明治 시기에 들어와서, 오오미와 신사는 정부에 신전을 세우고 싶다고 요청했다 그러나 받아들여지지 않았다. 오오미와 신사의 기도 대상은 신사 뒤편에 위치한 숲이 우거진 산, 곧 미와산三輪山이었기 때문이다. 곧 이 산 자체가 신체神体인 것이다.

나라현 야마토 분지의 중앙에 자리잡은 미와산三輪山은 천황가의 발상지 근처에 위치한, '미모로의 간나비神奈備산'[89]으로 불리우는 신의 산(神山)이다. 현재도 산 그 자체를 신체神体로 삼아 '오오미와 신사大神社'가 서쪽 기슭에 자리잡았다. 미와산은 현재도 사람들이 자유롭게 출입할 수 없는 금족지禁足地로 산허리며 산 정상에는 바위터 등 고대 이래의 제사 유적이 많이 남아 있다. 신체산神体山 신앙이 어느 정도 정착되어 있는 곳이다.

이러한 경우는 다른 많은 신사들에서도 볼 수 있다. 백제의 칠지도七支刀를 보관한 나라현 덴리天理시의 이소노가미石上 신궁도 마찬가지이다. 이 신궁도 오래된 신사(古社)로, 배전 뒤에

---

89) 간나비는 신이 숨어있는 곳(숲)을 의미하는 고대 한국어로 甘奈備, 神南備, 神奈樋, 神奈火로도 쓴다.

숲으로 뒤덮인 후루산布留山이 신체산이었다. 대정大正(다이쇼) 시대까지도 본전이 없다가, 1913년에 본전이 세워졌다. 나라 시의 가스카타이샤春日大社도 마찬가지였다. 미가사산三笠山이 신체산이었다.

시마네島根현 이즈모出雲 지역에는 '일본 태고로부터의 신앙, 신도의 가장 오래된 신사'라고 불리는 이즈모 대사出雲大社가 있다. 이즈모 대사는 천상(高天原 다카마노하라)에서 일본열도를 만든 이자나기와 이자나미 부부신이 낳은 세 신(三神), 곧 태양 신(日神)인 천조대신天照大神(아마테라스오오가미)와 달신(月神)인 월독존月讀尊(쯔쿠요미노미코도), 그리고 바다의 신이자 대지大地의 신인 스사노오 신素盞鳴尊 중에 스사노오 신과 관련깊은 신 사이다. 스사노오 신은 성격이 난폭하여 하늘나라를 혼란시키고 아마테라스 신과도 사이가 좋지 않았다.

그러던 중 스사노오 신은 높은 하늘나라에서 추방되어 버렸다. 스사노오는 어머니의 나라, 뿌리의 나라로 향했다.[90] 높은 하늘나라에서 나온 "스사노오는 아들 오십맹 신五十猛尊(이다케루노미고토)를 데리고 신라국新羅國에 내려와 소시모리曾尸茂梨에 살았다. 그리고는 (나중에) … 흙으로 배를 만들어 타고 동쪽으

---

90) "此神有勇悍以安忍。且常以哭泣爲行。故令國內人民。多以夭折。復使靑山變枯。故其父母二神勅素戔鳴尊。汝甚無道不可以君臨宇宙。固當遠適之於根國矣。遂逐之"(『日本書紀』). "其泣狀者、靑山如枯山泣枯、河海者悉泣乾。是以、惡神之音、如狹蠅皆滿、万物之妖悉發。…… 答白、僕者、罷妣國根之堅州國故哭"(『古事記』). "年已長矣。復生八握鬚髥。雖然不治天下。…… 對曰、吾欲從母於根國"(『日本書紀』).

로 항해하여 이즈모국出雲國에 도착했다."[91] 동행한 아들 이다케루는 "많은 나무의 종자를 가지고 왔다. 그러나 가라쿠니韓地에 심지 않고 쯔쿠시筑紫(큐슈 북부 지역)로부터 시작하여 대팔주국大八洲國(일본국) 전체에 심어 나라 전체가 푸르렀다"고 하였다.[92] 이즈모 지역에는 스사노오 신을 모신 히노미사키日御崎 신사[93]가 있고, 그 후손인 대국주신을 모신 이즈모 대사가 있다. 이즈모 대사도 일본 신사의 원형을 간직한 오래된 신사로 알려진다. 히노미사키 신사의 뒷산은 한국산韓國山이며, 이즈모 대사 역시 성스러운 숲과 산으로 둘러싸여 있다. 이즈모 대사의 신체산은 신사 뒤편에 있는 팔운산八雲山(야쿠모산)인 것이다.

일본에서는 신사를 모리(モリ)라고도 했다. 일본에서 가장 오래된 노래집인 『만엽집萬葉集』에서는 杜, 森, 社, 神社를 모두 '모리'(森)라 읽었다. 신사를 모리(森 또는 社) 곧 '숲'으로 본 것이다.[94] 이는 고대 일본인에게 숲 곧 삼림이란 신들의 영이 깃

---

91) "素戔嗚尊帥其子五十猛神。降到於新羅國。居曾尸茂梨之處。... 遂以埴土作舟乘之東渡。到出雲國..."(『日本書紀』). "素戔嗚尊曰。韓鄕之嶋。是有金銀。若使吾兒所御之國。不有浮寶者。未是佳也。...然後素戔嗚尊居熊成峯。而遂入於根國者矣。"(『日本書紀』)

92) "初五十猛神天降之時。多將樹種而下。然不殖韓地盡以持歸。遂始自筑紫。凡大八洲國之內莫不播殖而成靑山焉。... 所以稱五十猛命爲有功之神。卽紀伊國所坐大神是也。" 『日本書紀』

93) 『출운국풍토기出雲國風土記』에 의하면, 이 신사를 원래 미사키三崎(혹은 美佐伎社) 신라, 신라사 혹은 한국신라라 불렀다.

94) 신사를 숲 곧 '모리'와 동일시 할 때 생각해 봐야 할 주요한 개념으로 '소시모리'가 있다. 소시모리는 『일본서기』와 「단군세기」에 기록이 나온다. '두지주의 예읍이 반란을 일으키니 여수기에게 명하여 그 추장 소시모리를 베고, 이 때부터 그

━이즈모 대사 뒤로 보이는 야쿠모산과 스사노오신의 모습

땅을 일러서 소시모리라 하다가 지금은 음이 바뀌어 우수국이 되었다(豆只州濊邑 叛命餘己斬其酋素尸毛犁自是稱其地曰素尸毛犁今轉音爲牛首國也. 「단군세기」)'고 했다. 소시모리를 어느 지역으로 볼 것인가에 대한 논란들이 있다. 보통 춘천이 옛날 우수주牛首州, '우두주牛頭州'였기 때문에 춘천으로 보는 설이 있고, 소시모 리를 고조선의 소밀랑으로 길림지역으로 보는 견해도 있다. 그러나 신채호가 말 한 '신수두'로도 볼 수 있다. 곧 소시모리는 '으뜸되는 신사' '으뜸되는 소도'를 일 컫는 말로 볼 수 있기 때문이다. 스사노오가 하늘나라에서 내려와 신라국의 신수 두에서 지내다가 이곳에 머물던 스사노오 신이 다시 일본열도(이즈모 지방)로 옮 겨갔다고 볼 수 있기 때문이다. 이는 태백산의 울창한 숲이었으며 그러므로 스사 노오의 아들은 많은 나무의 종자를 지니고 가 일본열도 전체에 퍼지게 했다. 곧 소도의 전파를 의미했던 것이다. 소도 주위에 금줄(=시메나와)을 치고 소도를 지 키는 고마이누貊犬(고구려의 개)까지 함께 전해진 것으로 해석하는 것도 큰 무리 가 없을 듯하다. 이것이 '시간이 흐르면서 사람들은 각지로 흩어지고 각자 주변에 수림을 길러 수두, 곧 소도를 조성했다'는 의미로 볼 수 있는 것이다.

든 신성한 영역으로 사람이 함부로 들어가서는 안되는 곳이라고 생각했음을 뜻한다. 신사마다 신성한 지역으로 만들어진 산(숲)이 있었고, 이를 신체산神體山이라 하였다. 신사에 신은 상주하지 않았고 때가 되면, 특히 마쯔리(祭り) 행사를 할 때면 신은 하늘에서 이 신체산을 통해 내려오게 된다. 이때 사람들은 임시 신전(神社)을 꾸며 신을 받들었던 것이다.

마쯔리는 신을 맞이하는 의례이다. 곧 신을 맞고(迎神), 사社 곧 야시로에 모시어 제례를 행한 뒤 다시 보내드린다(送神). 여기서 사社는 나중에 '신사神社'가 되었다. 마쯔리에서는 이곳이 곧 제례를 행하는 '제장祭場'이었다. 신의 제장祭場인 이러한 야시로는 본래 신좌神座가 있는 산이었다. 제장의 본 모습은 숲 森 곧 '두杜'(もり. 모리)였다. 단순히 자연의 삼림森林이 아니라 신의 정원(神庭)이었으며 제장祭場이었던 것이다. 그 제장에 선 건물이 지금은 '신사神社'라 불리워진 것이다.

앞에서 설명했던 나라奈良의 오오미와 신사는 미와산 자체가 신체神體였다. 그렇지만 산 그 자체가 신神은 아니다. 산 전체는 성소聖所이며, 신채호가 태백산을 '광명신의 서숙처'라 했던 것처럼 신은 그 산을 서숙처로 삼고 있다는 의미이다. 보다 더 정확히 말한다면, 신은 이 산 어딘가로 내려와 머물게 된다는 것이다. 미와산에는 지금도 오래된 이와쿠라古岩나 오래 된 나무(古木)들이 많다. 이러한 이와쿠라나 나무들은 신이 내려와

머무는 제 1의 신의 자리(神座)가 된다.[95]

신은 자신의 정원(神庭)인 모리(杜)에 강림한다. 구체적으로 그곳에 있는 바위(岩)나 나무(木)에 내려온다. 본래 마쯔리는 이러한 신이 내린 곳을 찾는데서 부터 시작한다. 예를 들어, 하늘로부터 내려오는 신은 낙뢰落雷의 형태로 나타나기도 하기 때문에 낙뢰의 흔적을 찾게 된다. 낙뢰에 의해 깨진 흔적이나 불에 그슬린 나무 등이 그것이다. 나중에는 화살을 날려 화살에 맞은 나무를 찾아 신목神木으로 정하기도 했다.

신의 자리가 정해지면 시메나와注連繩로 그 주변을 둘러싼다. 신정神庭의 경계를 표시하고 결계結界하는 것이다. 때문에 신좌神座는 항상 고정된 것이 아니다. 최초의 마쯔리는 그 신좌神座 앞에서 행해지게 된다. 그곳이 제 1의 제장祭場이고 최초의 야시로(社)가 되는 것이다. 그것은 건축물이 아닌 신정神庭 = 제장祭場을 의미하는 말이었다. 이렇게 본다면 마쯔리의 장소는 매회 바뀌는 것이다.

이처럼 신神은 사社에 항상 있는 것이 아니라, 마쯔리의 경우에만 강림한다. 또 신은 곧바로 신사가 있는 곳으로 내려오는 것이 아니라 별도의 장소로 강림하는 것이다. 이것이 일본 신

----

95) 신이 처음에 내려오는 장소가 고정되어 있는 것은 아니다. 고정되어 있는 것으로 보는 것은 신의 논리가 아닌 후세에 편의상 만들어진 인간의 논리이다. 대다수의 마쯔리는 신의 경우가 아닌 인간의 경우에 맞춰 변화해 왔다. 신이 한번 내려온 바위에는 시메나와注連繩가 둘러쳐져 성소임이 표시된다. 神의 降臨과 帰還은 야간에 행해진다. 낮에 행하는 것은 모두 후세에 추가 및 이동한 것이다.

사에서 행해지는 마쯔리(祭り)의 기본구조이자 원형이다.[96] 교토京都의 가미가모 신사上賀茂社에서는 아오이葵 마쯔리가 행해진다. 이 때에도 신이 항상 신사에 상주한다고 생각하지 않는다. 따라서 마쯔리 직전 밤에 신사 뒤편의 신산神山에서 신을 맞이한다. 신은 산 정상의 이와쿠라로 내려와 '히모로기'(뒤에 설명한다)로 이동하게 된다. 그 히모로기를 마쯔리의 장소인 신사로 옮기는 것이다.

시간이 지나면서, 편의상 사람들은 보다 준비된 마쯔리를 생각하게 되었다. 그래서 마쯔리를 위한 건물(가설의 제전祭殿이나, 아니면 단지 공물供物을 둘 정도)을 만들었다. 점차 인간의 욕

▬마쯔리의 모습. 신이 타서 이동하는 미코시

96) 萬遜樹, 「天神祭の構造---鉾流しと船渡御とウルトラマンと」, 1999.
http://www.relnet.co.jp/relnet/brief/index-6.htm 참조.

망을 위해 훌륭한 제장祭場을 원하게 되었고, 이를 위한 건축물인 신사가 등장한 것이다. 제장祭場 = 신정神庭은 곧 고정된 건물이 되었다. 이제 신은 그곳에 항상 머물러 있는 것으로 인식되기에 이르렀다.

이처럼 신사가 지금처럼 상설常設의 신전神殿을 갖게 된 것은 신도神道의 역사에서 처음부터 그런 것이 아니었다. 뒤에서 설명하겠지만, 7세기 후반 천무天武(덴무)천황 시대부터였다. 681년 천무조정天武朝廷은 기내畿內 및 전국에 천사天社, 국사國社의 신神의 궁宮을 새롭게 짓거나 수리하도록 명령했던 것이다. 상설의 신전을 설치한다는 것은 신전 내에 신神이 상주常駐한다는 의미이다. 사람들은 필요할 때면 언제든지 신에게 소원을 빌든지 신탁神託을 받는 것이 가능해졌다.

오리구치 시노부折口信夫는 일본 신사의 출발을 이렇게 말했다. "신의 야시로(社)라 하는 것은 지금 보는 사社가 아니라, 옛날에는 소유지를 표시하는 노끈으로 둘러싼 들판(野)을 표시한다"라고. 이것이 전통적인 신사 발생의 모습이다.[97] 성소신앙에서 신사가 발생했음을 의미하고 있는 것이다.

(2) 히모로기神籬와 심어주心御柱(신노미하시라), 성목신앙
일본열도에서 본격적으로 국가형태를 갖춘 것은 야마토 왜

---

97) 武澤秀一,『伊勢神宮の謎を解く-アマテラスと天皇の'發明'』, ちくま新書, 2011, 91쪽.

大和倭(4~6세기) 왕권이었다.[98] 일본문화의 단초를 마련한 조정이다. 기록에 의하면, 이 야마토 왜 왕권 시기인 제 11대 수인垂仁(스이닌)천황 3년 3월에 신라에서 왕자 천일창天日槍(아메노히보코)이 무리를 이끌고 일본에 왔다.

아메노히보코의 이야기는 이렇다.[99] 다소 긴 이야기지만, 중요하기 때문에 노성환의 『고사기』을 인용하여 모두 옮겨보겠다.

---

98) 야마토 정권의 성립에 대해서는 전방후원분前方後円墳의 출현과 그 확산을 기준으로 보는 견해도 있다(川西宏幸,「畿内政権論」, 1988 ; 都出比呂志,「前方後円墳体制論」, 1991 등). 그 성립시기는 연구자에 따라 3세기 중엽, 3세기 후반, 3세기 말 등 약간의 차이가 있지만, 야마토 왕권은 긴기近畿 지방만이 아닌 각지의 호족豪族들을 포함한 연합정권連合政権으로 보고 있다.

99) 이러한 아메노히보코天日槍의 이야기에 대해서는 쓰루가敦賀(동해에 접한 와카사만 바닷가의 도시)와 관련된 전승도 참조할 필요가 있다. 『일본서기』의 수인垂仁(스이닌) 천황(BCE 29~AD 70 재위) 2년 조의 분주分註에 보면 숭신崇神(스진) 천황(BCE 97~BCE 30 재위) 시대에 머리에 뿔이 솟아있는 가야伽倻의 왕자 '쓰누가아라시토都怒我阿羅斯等'라는 인물이 나가토長門와 이즈모出雲를 거쳐서 게시이노우라笥飯浦(현재의 쓰루가시)에 당도하였다고 하며, 그 무렵에 "쓰루가敦賀라는 지명은 쓰누가都奴賀라고 불렀었다"고 『고사기』의 중애仲哀(주아이) 천황(192~200 재위) 기사에 실려 있는 것을 본다면 '쓰루가敦賀'라는 지명은 가야에서 건너온 왕자로부터 생겨났다는 것이 된다. 또 이 '쓰누가아라시토都怒我阿羅斯等'가 일본에 건너 온 동기가 "자기가 데리고 있던 동녀童女가 일본으로 도망쳐 왔기 때문에 그 동녀를 뒤좇아 왔다. 그러나 일본에 와보니 그 동녀는 이미 난바難波와 도요쿠니豊國 에치젠군의 히메코소신사比売許曾社의 제신祭神이 되어 있었다"고 한다. 이런 전승은 『고사기』 등에 실려있는 신라 '천일창天日槍 왕자'의 전승과 공통적인 똑같은 이야기를 담고 있다. 어느 것이나 간에 한반도의 신라거나 가야로부터의 도래설을 보여준다. 노토국(현 이시카와현 가시마군)에는 도래계의 신으로 여겨지는 제신祭神을 집중적으로 많이 제사모시고 있다고 지적되며 『연희식延喜式』(927) 신명장神名帳에는 에치젠국越前国 쓰루가군敦賀郡에도 신라新羅의 시로기히코신사信露貴彦神社며 시라기신사白城神社가 소재한 것이 확인된다. 이들 신사마다 신라계의 신주를 제사모셨다고 보인다.

신라에 늪 하나가 있었는데 '아구누마阿具奴摩'라 했다. 그 늪 근처에 어떤 신분이 천한 여인이 낮잠을 자고 있었다. 그 때 무지개와 같은 햇빛이 그녀의 음부를 비추었다. 그러자 신분 천한 남자 한 명이 이를 보고 이상히 여겨, 항상 그 여자의 동태를 살폈다. 그러더니 이윽고 그 여인이 낮잠을 자던 때부터 태기가 있어 드디어 출산을 했는데 붉은 구슬(赤玉)이었다. 그 모습을 보고 있던 그 천한 남자는 그 구슬을 그녀에게 달라고 애원한 끝에 받아 낸 후 항상 싸 가지고 허리에 차고 다녔다.

이 남자는 산골짜기에 밭을 일구며 살고 있었으므로 밭을 가는 인부들의 음식을 한 마리 소에다 싣고 산골짜기로 들어가다가 그 나라 왕자인 아메노히보코를 우연히 만났다. 이에 아메노히보코가 그 남자에게 묻기를 '어찌하여 너는 음식을 소에 싣고 산골짜기로 들어가느냐? 필시 이 소를 잡아먹으려는 것이지!' 라며 즉시 그 남자를 옥에 가두려고 했다.

이에 그 남자가 대답하기를 '저는 소를 죽이려는 것이 아닙니다. 다만 밭을 가는 사람들의 음식을 실어 나를 뿐입니다'라고 하였다.

그러나 아메노히보코는 이를 용서하지 않았다. 그리하여 그 남자는 허리에 차고 있던 구슬을 풀어 왕자에게 바쳤다. 그러자 아메노히보코는 그 신분이 천한 남자를 방면하고 그 구슬을 가지고 와서 마루 곁에다 두었다.

그런데 그 구슬이 아름다운 여인으로 변하였다. 그리하여 아메노히보코는 그녀와 혼인하고 적실의 아내로 맞아들였다. 그 후 그녀는 여러 가지 맛있는 음식을 장만하여 남편으로 하여금 먹게 하였다.

그러나 그 나라 왕자는 거만한 마음이 들어 아내를 나무랐기 때문에 '대체로 나는 당신의 아내가 될 여자가 아닙니다. 나의 조국으로 가겠습니다' 라고 말하고는 남몰래 작은 배를 타고 도망쳐 나니하難波에 머물렀다-그녀가 바로 나니하의 히메고소신사比賣碁曾神社[100]에 모셔져 있는

－히메고소 신사

---

100) 현재 오사카시 히가시나리구東成區에 있다.

아카루히메신阿加流比賣神이다-.

아메노히보코는 아내가 도망쳤다는 소식을 듣고 곧 그 뒤를 따라 건너와 나니하에 도착하려고 했다. 바로 그때 해협의 신이 이를 막고 나니하에 들여보내주지 않았다. 그리하여 아메노히보코는 하는 수 없이 다시 돌아와 타지마多遲摩[101]라는 곳에 정박했다.[102]

아메노히보코의 일본 도착 이야기는 고대 한반도 문화의 일본 전파라는 의미에서 중요하다. 때문에 아메노히보코의 성격을 어떻게 볼 것인가, 아메노히보코의 이동경로, 그리고 일본

---

101) 현재 효고현의 북부지역으로 바다와 인접한 곳이다. '但馬國'이라고도 표기한다.

102) 노성환, 『고사기』, 민속원, 2009, 236-240쪽. 중애仲哀(주아이) 천황이 규슈의 구마소족을 정벌하러 갔을 때 쓰쿠시筑紫의 현주縣主의 조상인 이도데五十跡手가 천황이 온다는 소식을 듣고 500 가지의 나무를 세워 윗가지에 8척의 붉은 옥(瓊)을 걸고 가운데 가지에 흰 거울을 걸고 밑가지에는 칼(劍)을 걸어 마중하였다. 천황이 묻기를 "그대는 누구인가"하니 이도데가 말하기를 "나는 고려국高麗國의 오로산意呂山에서 온 천강손天降孫 히보고日鉾의 후손인 이도데 입니다"라 답했다.(筑前國風土記曰怡土郡..... 仲彥天皇將討球磨噌唹幸筑紫之時怡土縣主等祖五十跡手聞天皇幸拔取五百枝賢木立于船舳艫上枝挂八尺瓊中枝挂白銅鏡下枝挂十握劒參迎穴門引嶋獻之天皇勅問阿誰人五十跡手奏曰高麗國意呂山自天降來日桙之苗裔五十跡手是也. 『釋日本紀』卷十) 여기서 관심의 대상은 오로산의 위치 비정이다. 아키모토요시로오秋本吉郎나 요시노유우吉野裕 등은 '오로산'을 울산이라 보는 입장, 또 경북 청도의 오례산烏禮山으로 보는 입장 등이 있다. 또 아메노히보코가 '하늘에서 내려왔다(天降)'는 내용도 주목할 만 하다. 천손강림의 하늘이 어디인지를 확인할 수 있는 하나의 단서가 되기 때문이다. 500 가지는 천손강림 신화의 천향산의 500그루 사카키眞坂樹도 그렇고, 그 가지에 건 옥·거울·칼이 삼종의 신기임은 주지의 사실이다.

내에서의 역할 등에 대해 다양한 연구들이 있다.[103] 그러나 여기서의 관심은 한 가지이다. 이 때 아메노히보코가 7개의 신물神物을 갖고 건너갔는데,[104] 그 중 하나가 '곰(熊)의 히모로기神籬'라는 사실이다.

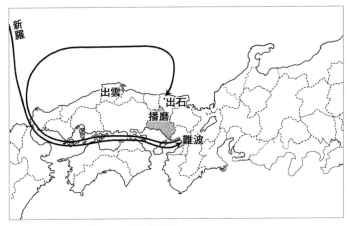

━ 아메노히보코가 일본으로 이동한 루트

103) 아메노히보코를 종교성을 띤 사제로 보는 입장(임동권, "天日槍,"『比較民俗研究』14, 筑波大學, 1996), 연오랑 세오녀와 관련된 일본의 태양신 아마테라스와 관련된 이야기(소재영, "일본신화의 한래인,"『한국설화문학연구』, 숭실대출판부, 1984), 천황계보와 연결되어 야마토 조정과 밀접한 관계를 가진 지배집단(손대준, "천일창에 관한 연구,"『원광대 논문집』17, 1983)으로 보는 입장 등이 있다. 또 아메노히보코의 이동경로에 대한 주장들(모토오리노리나가本居宣長, 간다히데오神田秀夫, 이토하지메伊藤肇, 이병도, 김화경, 최원재 등의 연구)이 있다. 참고로 최원재, "天之日矛傳承의 고찰,"『일본어문학』24, 일본어문학회, 2004나 노성환,『고사기』, 236-239의 주를 참조하면 된다.

104) "新羅王子天日槍來歸焉。將來物。羽太玉一箇。足高玉一箇。鵜鹿鹿赤石玉一箇。出石小刀一口。出石桙一枝。日鏡一面。熊神籬一具。幷七物。"(『日本書紀』卷六 垂仁天皇三年 三月)

'히모로기'는 무엇을 말하는 것일까? 이능화李能和(1869~1943)는 '히'는 '해'이고 '모로기'는 '모퉁이(方隅)'라 했다. 산모퉁이를 산모로기라 하듯이 '모로기'는 '알지 못하고'(不知), '보지 못하고'(不見), '거리껴 숨는다'(忌避)는 의미로 쓰인 것이다. 따라서 이능화에 의하면, 해모로기는 웅녀가 신단굴에서 햇빛을 기피했던 고사에서 나온 것이라 보았다. 일본신화에서 히모로기를 보면, 초대 신무神武(진무) 천황이 산에 올라 단을 설치하고, 사카키榊(비쭈기 나무)를 세워 신에게 제사를 지낸데서 그 모습을 찾는다.[105] 곧 히모로기는 무성한 나무의 숲으로 신을 숨긴 것으로, 신단 곧 신령을 제사지내는 제단祭壇이었던 것이다. 또한 그 신단에 있는 큰 나무다. 『삼국유사』에서 환웅이 하늘에서 태백산으로 내려왔던 신단수神壇樹를 말한다.

'곰의 히모로기'에서 '곰'(熊)은 무엇일까? 곰이 한민족과 관련이 깊은 토템임은 주지의 사실이다. 이능화는 여기서 '곰'은 '쿠마'=가무=가미로 볼 수 있거나, 혹은 웅녀나 환웅으로 보기 때문에 '곰의 히모로기'는 웅녀나 환웅을 모신 신단의 의미로 볼 수 있다고 하였다.[106] 이러한 '곰 신단'이 신라왕자 아메노히보코에 의해 야마토 왜로 건너간 것이다. 그래서 이능화는

---

105) 사카키(비쭈기) 나무의 유래는 아마테라스가 스사노오의 무례를 노여워해 天石窟로 숨자 신들이 모여 천향산의 5백 그루 眞坂樹를 캐서 넝쿨을 만들었다. 坂樹=사카키였다(이능화, 『조선신사지』, 47쪽).

106) 이능화, 『조선신사지』, 51쪽.

"히모로기는 본디 조선 물건"이라 했고, 미야자키 미치사부로 宮崎道三郎 같은 학자도 '히모로기는 조선에서 가져온 것'이라고 지적하였다.[107]

이러한 히모로기는 일본 신사의 원형이 되었다. 히모로기는 넓게 보면 신단을 모신 옛 조선의 성소인 소도이다. 구체적으로 말한다면, 신의 정원(神庭)이자 제장祭場인 숲속에 있었던 성스러운 나무(聖木)인 신단수였다. 최남선이 지적한 수두가 수림을 뜻하는 동시에 거기에 있는 신단을 의미했던 것처럼, 일본에서도 처음에는 숲 속에 신이 있다는 관념에서 큰 나무를 대상으로 제사지냈다. 이 숲을 '모리'(森. 社)라 불렀던 것이다.

히모로기는 신이 지상으로 내려오는 숲이자 신단이다. 고대 일본에서 히모로기는 신령이 머무른다고 여겨진 산이나 나무 둘레에 대나무 등의 상록수를 심어 울타리를 친 곳이었다. 곧

----

107) 전자는 이능화(『조선신사지』, 49-50쪽), 후자는 미야자키 미치사부로宮崎道三郎의 지적이다. 히모로기를 간나비神備로 표현하는 경우도 있다. 이는 神壇樹=간나무(神樹), 간나비(神奈備), 眞坂樹를 모두 같은 어원이라 보는 것이다(이능화, 『조선신사지』, 55쪽). 미야자키는 "'카무나무(榊木)', 카무와 나무는 모두 조선말이다."고 했다. 金澤庄三郎는 "神奈備는 조선말이다. 나는 일본 쿄토의 가미가모신사 부근을 산책하면서 울창한 수목을 보고 이것이야말로 틀림없는 간나비라고 생각했다. 간나비가 신과 관계있음은 비록 틀림없는 사실이라고 하지만 일본어에서는 그것이 무슨 뜻인지 분명치 않았다. 그런데 조선어를 연구하면서 그 의미를 알게 되었다. 칸나미는 '간나무'(곰나무)의 訛音으로서 비쭈기 나무의 뜻임이 판명되었다. 일본의 옛 기록에 '조선에서 히모로기를 가져왔다'라는 말의 뜻을 알았다. 일본의 옛 기록은 일본어만으로는 아무리 연구하여도 그 의미가 분명치 않은 것이 많고 조선어의 연구에 의해서 밝혀지는 것이 적지 않다."(이능화, 『조선신사지』, 56쪽).

￣히모로기의 모습과 신전의 히모로기 모형

이는 후대 일본 곳곳에 세워진 신궁, 신사의 원형이 되었다. 때문에 지금도 신사에 신을 모신 신전을 보면 신을 대신한 삼종의 신기[108] 중 하나인 거울 등이 있고, 그 옆에는 히모로기가 함께 있는 모습을 볼 수 있다. 대부분의 경우 히모로기는 사방에 사카키 등 상록수로 주위를 두르고, 중앙에도 사카키를 세운다. 사카키(サカキ)는 속계俗界와 성계聖界를 구분하는 '경계境界＝사카의 나무(サカの木)'라는 의미를 지닌다. 사카키에는 신과 인간, 성과 속의 경계에 있는 나무라는 의미가 들어있는 것

---

108) 삼종의 신기三種神器는 『고사기古事記』와 『일본서기日本書紀』에 나오는 3개의 보물로, 일본에서 고대부터 왕위의 표시로서 대대로 전해지는 거울(야타노카가미 八咫鏡)과 칼(구사나기노쓰루기 草薙劍), 곡옥曲玉(야사카니노마가타마 八坂瓊曲玉)을 말한다. 왕이 대를 잇는 즉위식인 대상제大嘗祭 때에 전해진다. 咫는 길이 단위로 18센치 정도. 八咫는 周長이 144센치로, 직경은 46센치 정도이다.

이다.[109]

일본에는 스와대사諏訪大社를 중심으로 한 스와신앙이 널리 퍼져있다. 여기서는 온바시라御柱 마쯔리(祭)를 하는데 이는 원시의 수목樹木신앙 그 자체이다. 또 『일본서기』의 스이코 천황 28년(620) 10월 조를 보면, 스이코 여왕은 백제인 왜한판상직倭韓坂上直으로 하여금 솟대를 세우도록 하였다. "히노쿠마릉檜隈陵(흠명欽明천황의 왕릉) 위에다 자갈돌을 쌓았다. ..... 기둥을 산위에 세웠다." 백제의 성왕은 흠명欽明(긴메이) 천황 당시인 서기 538년에 처음으로 불상과 불경을 보내면서, 흠명 천황으로 하여금 불교를 믿으라고 권유했다. 바로 그 흠명 천황의 왕릉터에 아직기 재상의 직계 후손인 왜한판상직이 거대한 솟대를 세웠다고 하는 역사적 사실은 주목할 만하다. 왜냐하면 일본 고대사에서 솟대가 세워진 사실은 이것이 최초의 역사 기록이기 때문이다. 왜한판상직은 백제인 재상이었던 아직기阿直岐의 직계후손이다.[110]

---

109) 히모로기 외에 이와사카, 이와쿠라イワクラ 가무나비カムナビ 개념도 있다. 이와사카イワサカ, 곧 '磐, 境'은 돌(石)을 나란히 주위에 둘러치고 그 중앙에 신이 내린다고 하는 성역聖域이다. 쓰시마의 天神多久頭魂神社(アメノカミタクヅタマジンジャ)는 원신도原神道의 흐름을 보여주는 천동天童(天道)신앙의 중심지이다. 天神多久頭魂神社에는 야시로(社)가 없고 성역聖域에는 거울(鏡)이 놓여있고, 이를 태양신太陽神(天童)의 요리시로(ヨリシロ)로서 숭배한다. 울창한 나무(杜)들에 둘러싸여 있고 여기에는 사카키榊 나무가 무성하다. 이것이 신사=모리(モリ)를 보여주는 장소이다.

110) 이와 더불어 "'소도'는 일본어의 '사토里'(마을, 고향)와 깊은 관계"가 있다고도 하였다(大野 晋,『日本語の世界1』, 中央公論社, 1980 ; 홍윤기,『일본문화사』, 서

이러한 히모로기와 관련해서, 신사를 세울 때 필요한 심어주심御柱(신노미하시라)를 주목할 필요가 있다. 이자나기와 이자나미가 낳은 세 신 중 하나인 스사노오노미코도가 신라국 소시모리로 갔다가 이즈모 지역으로 건너왔다는 것은 앞에서 이미 살펴보았다. 이즈모로 건너온 스사노오는 한 노인을 만났다. 노인은 스사노오에게 자신의 자녀들이 꼬리가 여덟 달린 야마다노오로치八岐大蛇라는 뱀으로부터 여러 해 동안 괴롭힘을 당했다고 토로했다. 스사노오는 노인을 도와 가라사이의 칼(韓鋤之劍)로 그 큰 뱀을 퇴치하고,[111] 계속하여 일본열도를

문당, 1999, 327쪽).

111) '사이'를 '쇠' 혹은 '쇠로 만든 삽'의 음이기 때문에 '한국의 쇠로 만든 칼'이라는 뜻이다. 그 칼로 큰 뱀의 목을 베고 배를 갈랐다. 이 때 뱀의 배에서 나온 칼이 쿠사나기의 칼(草薙劍. 草那藝之大刀)이다. 나중에 이 칼을 아마테라스에게 주었고[니니기노미코도瓊瓊杵尊가 이 칼을 갖고 일본열도로 내려온 것이 소위 '천손강림' 신화이다], 이것이 일본 천황가의 '삼종의 신기' 중 하나가 되었다. 참고로 여기서 스사노오노미코토는 아마테라스오오가미의 후손 니니기노미코토의 천손

ー일본을 대표하는 양대 신사를 다룬 책자의 표지. 두 신사 모두가 한민족의 고대사와 연결되어 있다.

92 일본의 고대문화와 한민족

평정해 나갔다. 이런 사유로 이즈모 지역에는 스사노오의 후손인 대국주신大國主神(오오쿠니누시노가미)을 모신 이즈모 대사 出雲大社가 세워져 있다.

이즈모 대사의 옛 모습을 살펴보자. 우선 땅 깊숙이 반석에 9개의 큰 기둥을 박고, 수많은 계단을 올라 그 정상에는 직사

강림보다도 먼저 신라를 거쳐 일본열도에 최초로 발을 디딘 천손이다. 곧 일본열도에 첫발을 디딘 신은 큐슈에 내려온 니니기가 아니라 이즈모에 건너온 스사노오였다는 사실이다. 스사노오는 신라 소시모리에 살았었기 때문에 일본열도의 곳곳에서 '소시모리=우두牛頭천황'으로 모셔지고 있다.

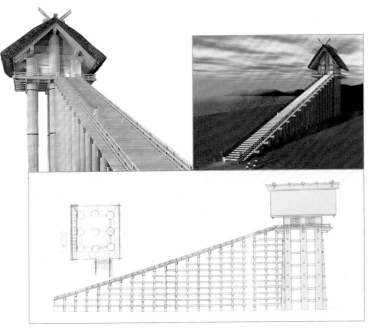

= 이즈모대사 고층신전의 상상도

각형의 집으로 이루어진 신단이 있다. 신단 꼭대기에는 높은 하늘을 향해 치기가 솟아 있었다. 이렇게 해서 완성된 고대의 이즈모 대사의 높이는 48m의 고층신전으로 거대한 목조 건축이었다.[112] 이러한 고층신전을 지탱했던 9개의 기둥 중에 가장 중앙에 있는 기둥이 신노미하시라이다. 곧 심어주心御柱였다.[113] 이 중간 기둥인 신노미하시라를 소도 신단의 큰 나무인 신단수로 보고 있는 것이다.

또 오오쿠니누시노가미大國主神[114]는 스사노오가 평정한 나라(葦原中國:일본)를 아마테라스오오가미의 후손인 니니기노미코도瓊瓊杵尊에게 이양하였다(국토이양出雲國讓り 신화이다). 이 때 이양한 오오쿠니는 다음과 같은 조건을 제시하였다.

　　"이 일본열도(葦原中國)를 헌상하면서 조건이 있다. 내가 거주할 장소로, 천신의 아들이 황위를 이어 갈 훌륭한 궁전처럼, 땅 깊숙이 반석磐石에 큰 기둥(宮柱)을 깊게 박아,

---

112) 일설에는 100m 높이였다는 기록도 있으나 이는 현실상 불가능한 높이였다고 보는게 일반적이다.

113) 2000년에는 13세기(1248) 세워졌던 이즈모 대사 본전을 지탱했던 기둥이 발견되었다. 이 기둥을 보면 직경 1.3m의 기둥 세 개를 묶어서, 지름 3m가 넘는 하나의 기둥으로 만든 것이었다. 하나의 기둥을 만드는데 큰 나무 세 개가 사용되었던 것이다.

114) 오오모노누시노가미大物主神, 오오아나무치노미코도大己貴命이라고도 불렸고, '韓의 神'이라고도 한다(『廣辭苑』).

고천원을 향해 치기千木[115]가 높이 치솟은 신전을 만들어 준다면, 저 멀리 유계幽界(신명계-인용자)로 은퇴隱退하겠다. 다른 많은 신들도 거역하지 않을 것이다."

곧 현세의 일은 아마테라스의 후손인 니니기가 맡고, 유계[신명계]의 신사神事는 스사노오의 후손인 오오쿠니가 맡는다는 안이었다. 이 타협안은 이루어졌고 신궁이 조영되었다. 나라를 양도한 오오쿠니의 아들들은 '푸른 잎의 나무로 만든 울타리[靑柴垣]'(『고사기古事記』)로 숨어버렸다. 이 울타리가 '신이 깃드는 장소,' 곧 앞서 말한 히모로기神籬이며 소도였다. 그리고 땅 깊숙이 반석에 세운 큰 기둥이 신노미하시라心御柱였던 것이다.

(3) 마쯔리祭의 주관자, 재궁齋宮

그러면 신사에서 '제사를 주관하는 자'는 누구였는가? 또 '제사를 모시는 신'은 누구였을까? 이는 매우 중요한 문제이다. 한민족의 소도에서 올리는 천제는 하늘에 올리는 제사였

---

115) 일본 신사의 지붕 양끝의 X자형의 '치기千木'가 곧 '솟대'라는 주장도 있고, 또 토리이를 솟대의 변형으로 보기도 한다. 야나기다 쿠니오의 「제사터의 표시」(1942)에는 "마쯔리에는 반드시 나무를 세운다는 것, 바로 이것이 일본 신도가 고금을 통해서 일관되는 특징의 하나였다. …… 이것은 신이 하늘로부터 내려오신 나무라고 지정하기도 했던 것이다. 더 나아가 청정한 터전에는 신의 祠堂을 세우게 되었고 그와 동시에 여기에다 표지標幟를 하는 방법이 점차 확장되어 왔던 것이다."(柳田國男, 『日本の祭』, 弘文堂, 1942 ; 홍윤기, 『일본문화사』, 324쪽).

다. 때문에 소도의 제사 대상은 하늘 곧 천상의 지고신至高神이었다.[116] 또 천제를 올리는 자는 천군으로 전문화되고 있음을 보았다.

일본의 신사에서도 이러한 전문화된 제사 주관자가 있었다. 역사적으로 살펴보았을 때, 이세신궁伊勢神宮에 파견된 재왕齋王 관련 기록에서 찾을 수 있다. 재왕은 소도의 천군과 같이, 성소인 신사에서 '제사를 주관하는 자'이다. 물론 일본에서도 고

■이세신궁과 제관들

---

116)『高麗史』에 至高神 범주 중에서 가장 빈번하게 사용된 용례는 皇天(34건), 太一(28건), 上帝(24건), 上天, 昊天, 天皇 등이었다. 중국 13경에서는 상제(『毛詩』14회, 『尙書』29회, 『周易』2회, 『禮記』19회, 『周禮』8회, 『孟子』3회, 『孝經』1회, 『春秋左傳』6회, 『春秋穀梁傳』1회)가 가장 많이 보이며, 그 외 황천, 호천, 상천, 천신 등이었으며『論語』나『春秋公羊傳』에는 북신北辰도 찾아볼 수 있다.

대부터 행해진 제사의 제주祭主는 당연히 천황이었다.[117] 시간이 지나면서, 재왕은 이러한 천황을 대신하여 왕궁에서 파견된 자였다. 보통 천황의 결혼 안한 여식들이 담당하였다. 그들은 이세신궁伊勢神宮에서 최고신을 모셨던 것이다.

재궁齋宮은 '이쯔기노미야'라 부른다. 재왕齋王의 궁전宮殿 혹은 재궁료齋宮寮라 하는 장소였다. 재왕齋王은 천황을 대신해서 이세신궁에서 봉사하기 위해 황족 여성 중에서 선발되었다. 이세신궁 기원전승起源伝承을 살펴보면, 야마토히메노미코도倭姬命 등 전통적인 재왕齋王들을 찾아볼 수 있다. 그러나 그 상세한 실상을 확인하기는 쉽지 않다. 제도상 최초의 재왕齋王은 천무天武(덴무) 천황(670년 경)의 여식 오오코 황녀大来皇女이다. 이런 재왕제도는 고다이고後醍醐 천황 시대(1330년 경)까지 약 660년간 계속되었다. 그 간의 기록에도 약 60여 명의 재왕의 이름이 기록되어 있다.[118]

재왕제도는 헤이안平安 시대에 편찬된 법령집『연희식延喜式』에 나타나 있다. 이에 따르면, 재왕은 천황이 즉위하면 미혼의 내친왕内親王 또는 여왕 중에서 복정卜定[119]이라는 점치는 의식

---

117) 현재도 천황이 거주하는 궁내에서 치러지는 니나메사이新嘗祭 등의 제사에서는 천황이 제주를 맡고 있다.

118) 平安時代 이후 賀茂神社의 齋王(齋院)과 구별하기 위해 伊勢齋王 혹은 伊勢齋宮이라 칭했다.

119) 亀卜이다. 거북이 등껍질을 불에 쬐어 판단하는 복점卜占이다. 복정卜定이라 한다.

으로 정해진다. 재왕이 되면 궁중에 정해진 초재원初齋院에 들어간다. 그리고 다음 해 가을에는 왕도王都 교외에 있는 노노미야野宮로 옮겨 결재潔齋의 날들을 보내며 몸을 청결히 한다. 그 다음 해 9월에는 이세신궁의 신상제神嘗祭(간나메노마쯔리)에 참여한다. 출발하는 날 아침, 재왕은 노노미야野宮을 떠나 갈야천葛野川(현재의 桂川)에서 미소기禊를 행한다. 그리고 대극전大極殿에서 출발하는 의식儀式을 치른다. 출발의식을 마치고 나면, 재왕은 소우카렌葱華輦이라는 수레에 올라 이세를 향해 출발한다. 이 여정을 군코우群行라 부른다. 재왕에 봉사하는 관인官人·관녀官女와 칙사勅使 등 500명 이상의 무리가 동시에 이동한다.

재왕이 그 임무를 마치는 것은 천황의 양위讓位·붕어崩御나 재왕의 병病, 그리고 육친肉親의 불행不幸 등의 경우에 한정된다. 따라서 천황 1대에 재왕 1명이 원칙이다. 해임된 재왕이 귀경帰京할 때의 코스는 사정에 따라 조금씩 다르다. 천황 양위의 경우에는 왔던 길과 동일한 길을 통해 돌아간다. 그러나 불행한 이유(凶事)일 경우에는 조금 다를 수 있다. 그러나 어떤 경우에든 난파진難波津(大阪湾)에서 미소기禊를 행한 후 입경入京한다.

재궁의 가장 중요한 임무는 천황을 대신하여 연年 3회 이세신궁의 마쯔리에 참여하는 것이다. 재왕이 이세신궁에 가는 것은 6월과 12월의 월차제月次祭(쯔기나미노마쯔리), 그리고 9

월의 신상제神嘗祭로 모두 3회이다. 이를 삼절제三節祭라 부른다. 외궁外宮에서는 15·16일, 내궁内宮에서는 16·17일에 행해진다.[120] 재왕은 그 전 달에 매일 볼천祓川이나 미야주尾野湊(大淀浜)에서 미소기禊를 행한다. 그리고 15일에는 재궁을 나서 이궁원離宮院에 들어간다. 다음 16일에는 외궁外宮, 17일에는 내궁内宮에 가 마쯔리에 봉사한다. 18일에 다시 재궁에 돌아온다. 재왕이 이세신궁의 마쯔리에 참여하는 것은 미쯔에시로御杖代로서이다. 미쯔에시로御杖代는 지팡이(杖)을 대신하여 신을 안내하는 일이다. 곧 아마테라스天照大神을 마쯔리(祭)로 처음에 불러들이는(來臨) 의식儀式을 한다.

『일본서기』 숭신崇神(스진)천황기天皇紀에 의하면, 숭신천황이 황녀 도요스키이리히메노미코도豊鍬入姫命에게 명해 그동안 궁중에서 제사모셔지고 있던 아마테라스를 야먀토大和国의 가사누이邑笠縫邑에 제사하게 했다. 이것이 재왕(재궁)의 시작이었다. 그리고 다음 수인垂仁(스이닌)천황의 시대에는 도요스키이리히메豊鍬入姫의 조카(姪)인 황녀 야마토히메노미코도倭姫命가 각지를 순행巡行하다 이세국伊勢国에 도착하여 그곳에서 아마테라스天照大神를 제사하였다. 이 때 『일본서기』의 「수인천황기垂仁

---

120) 그 외의 임무는 2월의 기년제祈年祭(토시고이마쯔리. 農耕作業의 開始을 알림)의 제사祭祀에서 헤이하쿠幣串를 분배하거나, 11월의 新嘗祭, 6·12월의 大祓 등의 신사神事, 정기적이지는 않지만 물(水) 및 문門이나 건물의 마쯔리에도 참여한다.

天皇紀」는 "재궁을 오십령천五十鈴川 위에 세웠다. 이를 이소노미야磯宮라 한다"[121]라고 기록하였다. 이것이 이후 재궁의 원형이라고 생각된다.

또 수인천황기는 "천황, 야마토히메倭姫命에게 미쓰에御杖로서 아마테라스에게 공봉貢奉하였다"[122]고 기록하였다. 이후 재왕은 천황을 대신하여 항상 두어져 아마테라스의 '미쓰에시로 御杖代(神의 뜻을 받는 依代. 신단수로서의 고목高木 형태를 상징한 것이다)'로서 이세신궁에 봉사하였다. 그러나 사료史料로만 본다면, 재왕이 매번 반드시 두어졌는가도 분명치 않고, 그 임기 등도 불명확 것이 사실이다. 다만 용명用明(요메이) 천황 때는 일시적으로 중단된 모습이 보이며, 천무천황 시대에 정식으로 제도로 확립되었다. 『부상략기扶桑略記』는 천무천황이 임신壬申의 난乱 때 전승기원戰勝祈願의 예礼로서 이세신궁에 황녀 오오코 황녀大来皇女를 두었던 것을 초대初代로 하였다. 이후는 천황을 대신하여 반드시 새로운 재왕을 선정하였고, 남북조南北朝 시대(1336~1392)까지 제도로 존속되었다.[123]

121) 時天照大神誨倭姫命曰。是神風伊勢國。則常世之浪重浪歸國也。傍國可怜國也。欲居是國。故隨大神教。其祠立於伊勢國。因興齋宮干五十鈴川上。是謂磯宮。則天照大神始自天降之處也。〈一云。天皇以倭姫命爲御杖。貢奉於天照太神。是以倭姫命以天照太神。(『日本書紀』卷六 垂仁天皇二五年). 그리고 마지막 문장에 '이소노미야磯宮가 아마테라스가 처음으로 하늘에서 내려온 곳'이라 했다.

122) 天皇以倭姫命爲御杖。貢奉於天照大神。是以倭姫命以天照太神。(『日本書紀』卷六 垂仁天皇二五年)

123) 『부상략기扶桑略記』에 처음으로 大来皇女가 정해진 것, 이 皇女의 전임前任

그러면 앞에서 제시한 또 다른 의문, 일본의 성소인 신사에서도 천상의 지고신에 제사하였을까? 2009년 현재, 일본 내 신사의 수는 약 8만 8천개소이다. 이러한 신사들에서 제사 모시는 신들은 다양하다.[124] 일본신화에 나오는 신들, 조상신과 우지가미氏神, 우부스나가미産土神, 그리고 역사 속에 등장하는 각종 영웅신 등. 신神의 종류는 각양각색이다. 일본에는 실제로는 1천이 좀 넘는 신들이 보이고, 『고사기』에도 300개 이상의 신이 등장한다. 모토오리 노리나가本居宣長(1730-1801)는 신을 이렇게 정의했다. 광범위하게 받아들여지는 정의이다.

"가미神는 우선 옛 기록에 나타나는 하늘과 땅의 신이며, 또한 그 신들을 숭배하는 장소인 사원에 거주하는 정령들이다. 거기에 인간도 포함된다는 것은 말할 필요조차 없다. 그리고 조류, 짐승, 수목, 초목, 바다 같은 것도 포함된다. 옛날 관례로는 비일상적인 것, 초월적인 덕목을 지닌 것, 경외심을 불러 일으키는 것은 무엇을 막론하고 '가미'라고 불렀다."

이라 전해진 酢香手姬 皇女(用明天皇 皇女)와의 사이에 약 50년의 공백 기간이 있는 것, 그 이전의 와가타라시히메稚足姬 皇女(雄略天皇 皇女), 사사게노히메荳角 皇女(継体天皇 皇女), 이와쿠마磐隈皇女(欽明天皇 皇女), 우지菟道 皇女(敏達天皇 皇女), 酢香手姬 皇女가 伊勢에 오지 않은 점에서, 酢香手姬 이전의 斎宮은 후세의 허구라는 설도 생겼다(筑紫申真 説).
124) 文部科學省 宗教統計調查, '全国社寺教会等宗教団体·教師·信者数'

'팔백만신八百萬神(야요로즈노가미)'에서 알 수 있듯, 일본에 신은 무수히 많다. '가미神'라는 명칭이 붙은 것이 다수라는 뜻이다. 가장 많은 것이 천체, 산, 들, 강, 바다, 바람, 비 등 지수풍토地水風土 등을 비롯하여 새, 짐승, 벌레, 수목, 풀, 금속, 돌 등 자연현상이나 자연물에 붙여진 가미의 명칭이다. 위인, 영웅, 귀족 등이 가미로 여겨지기도 했다. 근세 말기에는 인간 자체를 가미로 모시는 이키가미(生き神) 관념까지 나타났다. 때문에 고대 성소인 신사에서 모셔졌던 신을 확인하기 위해서는, 요

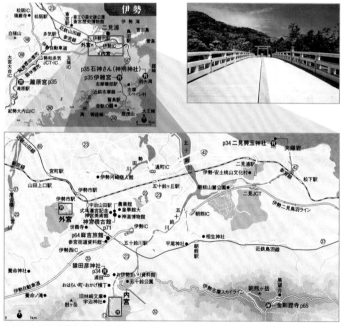

━이세신궁의 위치와 주변 지도

즘 신사의 제신祭神이 아닌, 일본열도에서 역사적으로 유서 깊은 대표적인 신사를 중심으로 살펴봐야 한다. 따라서 본고는 일본 신사들 중 최고 위격에 있는 이세신궁伊勢神宮을 대상으로 제신祭神과 재왕을 함께 설명해 보겠다.

이세신궁은 현재 일본신화에서 일본열도를 만든 이자나기伊邪那岐[125]와 이자나미伊邪那美 부부신의 세 자녀 중 아마테라스오오가미天照大神를 제신으로 받드는 곳이다. 일본열도 내의 모든 신사들이 이세신궁을 중심으로 하여 그 아래 위계서열을 차지하고 있다. 그러면 아마테라스 신은 소도의 제신인 천상의 지고신의 격을 갖추었는가? 그리고 이세신궁에서는 처음부터 아마테라스 신을 제신으로 하였던가? 그리고 언제부터, 어떤 과정을 거쳐 제신으로 받들어지고 있었던 것인가?

이는 매우 중요한 문제들이다. 때문에 이 문제들을 풀어나가기 위해 이세신궁의 창사부터 다루어 나가면서 하나 하나 점검해 볼 필요가 있다. 국가 최고신을 이세신궁에 제사하게 된 것은 언제였을까를 확인하는 일은 국가 최고신을 제사한 이세신궁이 언제 창사創祀되었던 것일까의 문제와 직결되기 때문이다. 또한 앞서 살펴보았던 성소와 히모로기도 이세신궁에서는 어떻게 전개되고 있었는가를 함께 설명할 필요가 있다.

---

125) 이자나기를 대가야 신화에 나오는 이진아시로 보기도 한다. "원래 대가야국이다. 시조 伊珍阿豉(一云 內珍朱智)로부터 道設智王에 이르기까지 무릇 16世 520년인데.."(『동국여지승람東國輿地勝覽』「高靈條」).

4. 이세신궁의 창사創祀와 제신祭神

1) 이세신궁과 성소문화

이세신궁의 탄생, 좀 더 구체적으로 말해 이세신궁의 창사를 둘러싼 다양한 설들이 있다.[126] 그러나 기록으로만 본다면, 『일본서기』에는 이세신궁의 창사를 이세에 야시로祠가 세워진 '수인垂仁(스이닌) 천황(11대) 25년 3월'이라고 기록되었다.

천조대신을 도요스키이리히메노미코도豊耜入姫命에서 떼어서 야마토히메노미코도倭姫命에 부탁하였다. 야마토히메倭姫命는 대신이 진좌할 곳을 찾아 .... 오우미국近江國을 들어, 동쪽 미노美濃를 돌아 이세국伊勢國에 갔다.

그때 천조대신이 왜희명에 가르쳐 "이 신풍神風(신풍은 이세의 枕詞)의 이세국은 도요쿠니常世의 파도가 겹친 파도가 밀려드는 나라다. 야마토大和의 근방의 나라 중 아름다운 나라다. 이 나라에 있으면 좋겠다"라고 말하였다.

---

126) 이세신궁의 創祀연대에 대해 종래부터 다양한 설이 있다. 주요한 것으로는 ① 『일본서기』를 그대로 인정하여, 수인천황의 代로 하는 설, ② 5세기 후반, 웅략천황의 代로 하는 설(및 6세기 전반부터 중반에 걸친 계체·흠명천황의 代로 하는 설), ③ 7세기 후반, 천무·지통천황의 代로 하는 설, ④ 7세기 말, 문무천황의 代로 하는 설 등이 있다. 그러나 무엇을 갖고 '창사로 할 것인가 하는 어려움이 있지만, 『일본서기』를 그대로 인정하여, 수인왕의 代로 하는 설을 史實로 인정하는 데는 많은 의문을 보인다.

그래서 대신의 가르침에 따라 그 야시로祠를 이세국에 세웠다. 그리고 재궁齋宮을 오십령천五十鈴川 위에 세웠다. 이를 기궁磯宮이라 한다. 천조대신이 처음으로 하늘에서 내려온 곳이다.[일서一書에 말하였다. 천황은 왜희명을 지팡이(御杖-신이 나타날 때 매개로 하는 나무의 역할)로 삼아 천조대신에 바쳤다. 때문에 왜희명은 천조대신을 기성磯城의 엄강嚴橿의 밑에 진좌시켜 제사지냈다. 그런 연후에 신의 가르침에 따라 정사丁巳년 겨울(冬) 10월의 갑자를 택하여 이세국의 와타라이노미야渡遇宮로 옮겼다....][127]

편년編年을 충실히 한다면,[128] 이 기록을 바탕으로 볼 때 이세

127) 三月丁亥朔丙申。離天照大神於豐耜入姫命。託干倭姫命。爰倭姫命求鎭坐大神之處。....更還之入近江國。東廻美濃到伊勢國。時天照大神誨倭姫命曰。是神風伊勢國。則常世之浪重浪歸國也。傍國可怜國也。欲居是國。故隨大神教。其祠立於伊勢國。因興齋宮干五十鈴川上。是謂磯宮。則天照大神始自天降之處也。〈一云。天皇以倭姫命爲御杖。貢奉於天照太神。是以倭姫命以天照太神。鎭坐於磯城嚴橿之本而祠之。然後隨神誨。取丁巳年(垂仁二六年丁巳前四)冬十月甲子。遷干伊勢國渡遇宮。(『일본서기』)

128) 1대 신무神武(진무)에서 9대 개화開化(가이카) 천황까지는 일본학자도 인정하듯이 만세일계의 황통을 만들어내기 위한 가공의 천황이다. 10대 崇神 천황부터는 실재 가능성이 강한 천황이나 그 재위연대는 허구이다. 쓰다 소우키치津田左右吉도 '欽明(29대. 539-571)조에 曆 박사가 백제에서 도래(554년)한 것이 사실이라 인정한다면, 그 이전 기록의 연대기는 믿을 수 없다'고 했다. 이는 일본의 열등감으로 일본의 국가 형성 시점을 끌어올리려는 노력으로 왜곡된 것이다. 대체로 5세기 중반의 21대 雄略 朝 부터는 대체로 일치한다. 崇神천황이 "故稱謂御肇國天皇也"(『日本書紀』)라 하는 것을 보면, 이 때가 실질적으로 야마토大和 조정의 기틀을 쌓기 시작한 때로 보인다. 예를 들어, 응신천황의 경우 즉위한 해가 270년으로 되어 있으나, 거의 2주갑 상향 조정되었음을 감안한다면 대략 390년 정도이다.

신궁의 창사는 야요이 시대 중기로 거슬러 올라 기원전 5년의 일이 된다. 그러나 이세에 야시로祠를 세웠다는 기록은 세세하게 기록되어 있으나, 뒤에서 보겠지만 아직은 아마테라스天照大神가 명확히 나타나기 이전이다. 때문에 아마테라스를 이세에 제사지냈다는 내용이나, 수인천황의 재위년도에 대한 의문이 제기되고 있어 신뢰하기가 어려운 기록이다. 이는 후세에 이루어진 사실을 『일본서기』를 편찬하면서 앞당겨 기록한 것이 아닌가 생각된다. 왜냐하면 이세신궁의 창사 년대를 앞당기려는 역사 왜곡의 한 형태로 보는 것이 타당하기 때문이다. 다만 '정사丁巳년 10월'에 이세신궁 창사가 이루어졌다는 기록

＝이세참궁參宮의 모습. 이세신앙이 최고조에 달했던 에도시대에 '이세참배'는 서민들의 꿈이었다.

은 생각해 봄직하다.[129]

이후 '이세신궁'이라는 용어는 경행景行(게이코오) 천황 40년과 인덕仁德(닌토쿠) 천황 40년 그리고 용명천황의 항에 나타난다.[130] 경행 천황 40년의 기록은 일본무존日本武尊(야마토다케루노미고토)의 동정東征 과정에서 일본무존이 출발하면서 이세신궁에 참배하였다는 내용이다. 16대 인덕 천황 때의 기록도 황자皇子가 신변의 위협을 느끼고 이세신궁으로 들어갔음을 설명하는 내용이다.

그러나 일본무존의 이동경로를 설명하는 기록이나 신변의 위협 때문에 이세신궁으로 들어갔다는 기록만으로는 전후맥락을 보더라도 이 때에 '이세신궁'이라는 용어가 있었다고 확신하기는 어려운 것이 사실이다.[131] 다만 여기서 사용된 '이세신궁'이라는 용어는 『일본서기』를 편찬하면서 차용한 것으로 보일 뿐이다. 더구나 그 이후의 기록들에서도 여전히 '이세의 야시로祠'라는 용어가 나타나고 있음을 볼 때, 아직까지 이세

---

129) 정사년은 기원전 63년, 기원전 3년, 57년, 117년, 177, 237년, 297년, 357년, 417년, 477년 등이다.

130) "戊午, 扷道拜伊勢神宮. 仍辭于倭姬命曰, 今被天皇之命. 而東征將誅諸叛者. 故辭之. 於是倭姬命取草薙釰. 授日本武尊曰. 愼之莫怠也."(『일본서기』 景行天皇 四〇年 十月 戊午). "則欲殺隼別皇子. 時皇子率雌鳥皇女. 欲納伊勢神宮而馳. 於是天皇聞隼別皇子逃走."(『일본서기』 仁德天皇 四十年)

131) 일본이라는 국호가 사용된 해는 670년이다. "文武王10年12月 倭國更國號日本 自言近日所出 以爲名"(『三國史記』). "日本國者 倭國之別種者 以其國在日邊 故日本爲名"(舊唐書) "或曰 倭國自惡其名不雅 改爲日本"(舊唐書).

신궁의 창사를 말하기는 어렵다.

그러나 『일본서기』의 용명用明(요메이) 천황(31대) 때 처음 나타난 '이세신궁'이라는 용어는 주목할 만하다. 용명 천황이 즉위한 585년, 천황은 황녀를 이세신궁에 재왕齋王으로 파견하고, "이세신궁에 배례拜禮하였다"[132]는 기록이 보인다. 여기서 이세신궁의 창사와 관련하여 한 가지 주목할 필요가 있는 사실이 재왕齋王 관련 기록이다. 재왕은 소도의 천군과 같이 성소인 신사에서 '제사를 주관하는 자'이다. 일본에서 고대부터 행해진 제사의 제주祭主는 당연히 천황이었다.[133] 재왕은 이러한 천황을 대신하여 이세신궁에서 최고신을 모시기 위해 왕궁에서 파견된 자이다. 앞에서 보았던 대로, 이는 보통 천황의 여식들이 담당하였다.

『일본서기』에는 수인 천황 시대에 야마토히메倭姬命가 처음으로 이세신궁에서 제사지냈다고 했다. 그러나 뒤에 설명하겠지만, 숭신·수인·경행景行(12대) 천황 대代에서 '아마테라스오

---

132) "用明天皇卽位前紀......以酢香手姬皇女拜伊勢神宮奉日神祀.〈是皇女自此天皇時逮干炊屋姬天皇之世. 奉日神祀. 自退葛城而薨. 見炊屋姬天皇紀. 或本云. 卅七年間奉日神祀自退而薨.〉" 용명천황 이후에는 이세신궁 기록들이 다수 출현하고 있다. "天武天皇三年(六七四)十月乙酉《九》. 冬十月丁丑朔乙酉. 大來皇女自泊瀨齋宮向伊勢神宮." "天武天皇四年(六七五)二月丁亥《十三》. 丁亥. 十市皇女. 阿閇皇女. 參赴於伊勢神宮." "朱鳥元年(六八六)四月丙申《卅七》. 丙申. 遣多紀皇女. 山背姬王. 石川夫人於伊勢神宮." (『일본서기』)

133) 현재도 천황이 거주하는 궁내에서 치러지는 니나메사이新嘗祭 등의 제사에서는 천황이 제주를 맡고 있다.

오가미 제사祭祀'의 사실성史實性은 희박하다. 『일본서기』에는 그 후 줄곧 재왕齋王 관련 기사가 보이지 않는다. 그러다 웅략雄略(유우랴쿠) 천황(21대)의 대代에 다시 등장한다.[134]

웅략 천황 원년(457년) 3월에 "3인의 비妃를 두었다. 원비元妃는 가쓰라기쓰브라 대신葛城圓大臣[135]의 딸 가라히메韓媛라 한다. 청령清寧 천황(白髮武廣國押稚日本根子 천황)과 와카다라시히메稚足姬 황녀皇女[다른 이름은 栲幡娘姬皇女]을 낳았다. 이 황녀는 이세대신伊勢大神의 야시로祠의 재궁이 되었다"[136]고 하였다. 이후 계체繼體(게이타이. 26대), 흠명欽明(긴메이. 29대), 민달敏達(비다쓰. 30대), 용명 천황의 대代에 다시 재왕齋王 임명 기사가 나타나면서, 어느 정도 제도화되는 모습이 보인다.[137]

----

134) 웅략은 5세기 후반, 국가 최고신 타카미무스비를 모신 祭祀場을 이세신궁 내궁의 荒祭宮의 땅에 세우고, 이 신에 봉사하는 재왕을 파견했다. 『일본서기』에는 그 후 몇 대에 걸쳐 재왕 관련 기사가 있지만, 오래지 않아 파견이 끊어졌다. 5세기부터 7세기 후반 사이에 야마토 왕권이 숭경했던 최고신은 타카미무스비였던 것이다.

135) 이 葛城圓大臣은 백제 木氏이다(문정창, 『일본상고사』, 백문당, 1970, 324쪽).

136) 雄略天皇元年(丁酉四五七)三月是月. 是月. 立三妃. 元妃葛城圓大臣女曰韓媛. 生白髮武廣國押稚日本根子天皇. 與稚足姬皇女.〈更名栲幡娘姬皇女.〉是皇女侍伊勢大神祠.

137) 39대 천무 때는 재궁에 대한 기록이 뚜렷이 나타난다. "大來황녀를 천조태신궁에 보내고 박래재궁에 살게 하였다. 여기는 먼저 몸을 깨끗이 하고 다음으로 신에 가까이 하는 곳이다(天武天皇二年四月己巳. 夏四月丙辰朔己巳. 欲遣侍大來皇女于天照大神宮. 而令居泊瀨宮. 是先潔身. 稍近神之所也. / 天武天皇三年十月乙酉. 冬十月丁丑朔乙酉. 大來皇女自泊瀨齋宮向伊勢神宮)." 40대 지통천황 "이세신사에 봉사하는 황녀대래가 돌아와서...(持統天皇卽位前紀朱鳥元年十一月壬子. 十一月丁酉朔壬子奉伊勢神祠皇女大來)."

신궁의 창사와 재왕의 임명·파견은 불가분의 관계에 있다. 그렇다면 제도화된 재왕齋王의 이세신궁 파견은 대략 5세기 후반 웅략 천황의 시대에 시작됐다고 보는 것이 유력시 된다. 곧 웅략 천황 대에 이세신궁이 창사創祀되었다고 보는 것이다.[138]

웅략 천황은 야마토 왕권에서 하나의 전기轉機를 마련한 천황이었다. '천하를 통치하는 대왕治天下大王'으로 불리워진, 최초의 왕으로 알려지고 있다.[139] 그러면 웅략 천황(456-479)이 재위한 5세기는 어떤 시기였을까? 광개토대왕 비문를 보면, 신묘년辛卯年(391)부터 5세기 초반에 걸쳐 고구려는 백제와 신라 그리고 가야지역을 강력하게 공격하였다. 이 때 왜倭와도 정면으로 충돌하고 있었다.[140]

---

138) 고대사 연구를 주도해온 直木씨는 이세 창사는 연대적으로 수인의 시대가 아니라 5세기 후반의 웅략, 또는 6세기 전반 내지 중반의 계체, 흠명의 때로 하면서, 특히 후자를 유력시하였다. 이후 재왕에 관한 기록은 『일본서기』에 계속 나타나 용명 천황이 斎王을 임명하였으며, 숭준崇峻(스슌. 32대), 추고推古(스이코. 33대) 천황 때도 재왕 임명이 계속되었다. 그리고 웅략雄略 천황(21대)의 항에서 祠로 표기되었다가, 백년 정도 지나 용명천황의 항에 이세신궁이라 기록된 것이다.

139) 검토를 요하는 부분이지만, 일본 역사가들은 중국 『송서』에 기록된 武가 웅략 천황이라고 본다. 478년, 왜 무왕 웅략은 송에 사절을 보냈다. 이 상표문을 보면 고구려의 非道를 격하게 비난했다.

140) 비문은 한일 역사학자들 사이에 해석을 놓고 이견異見이 있지만, 고구려와 백제, 신라 그리고 왜가 전쟁상태에 돌입한 것만은 분명하다. "以六年丙申 王躬率 △軍 討伐殘國 .... 十年庚子 教遣步騎五萬往救新羅 從男居城至新羅城 倭△其中 官軍方至 倭賊退 ..... 十四年甲辰 而倭不軌 侵入帶方界..... 王幢要截 刺 倭寇潰敗 斬殺無數."

"396년 병신에, 왕께서 친히 군을 거느리고 잔국을 토벌하시었는데.... 400년 경자에, 보병과 기병 5만 명을 보내 신라를 구원하였다. 남거성으로부터 신라성에 이르니 왜△가 그 안에 있었는데 관군이 곧 이르자 왜적이 물러났다...... 404년, 왜가 법도를 지키지 않아 대방경계를 침입하였다...... 대왕의 군대가 (왜구를) 깨끗이 쓸어 괴멸 시키니 참살된 왜구가 수없이 많았다."

광개토대왕(재위 391-413)에 이어 장수왕(재위 413-491)이 등장하면서 고구려는 더욱 강성해져 갔다. 공격은 더욱 강력해져 왜 뿐만 아니라 '친정집'과도 같은 백제도 국가존망의 위기에 직면하였다. 백제는 고구려의 공격을 받고 수도 위례성이 함락되었고 개로왕마저 전사하였다(475년). 477년에는 백제패망의 정보가 웅략 천황의 귀에까지 들려왔다.[141]

세상은 급변하고 있었다. 이러한 상황에서 '천하를 통치하는 대왕'인 웅략 천황이 강렬한 국가의식으로부터 국가신을 제사하는 이세신궁을 창사한 것은 이상한 일이 아니었다. 웅략 천황이 이세신궁을 창사한 것은 이러한 대외적 긴장관계와 밀접한 관련을 가졌다. 이는 흠명 천황 때의 기록에서도 추정할 수 있다.

---

141) 천황은 백제가 고구려에 의해 파멸하였다고 들었다. "雄略天皇二一年(丁巳四七七)三月. 廿一年春三月. 天皇聞百濟爲高麗所破."(『日本書紀』)

흠명천황 때에 백제의 왕자 혜惠[왕자 혜는 위덕왕의 아우이다]에게 백제의 위급에 대해 말하면서 "옛적에 웅략천황의 세에 그대의 나라가 고구려에 공박 당하였을 때에 누란의 위기가 있었다.

그때 천황이 신기백에게 명하여 계책을 신기에 물어보신 일이 있다. 신직이 신의 말을 빌어, '처음에 나라를 세운 신을 모셔와서 망하려고 하는 왕을 구하면 반드시 나라가 안녕이 되고 백성 또한 안녕하게 되리라'라고 하였다.

이에 따라 신을 청하여 백제를 구하였다. 이렇게 하여 나라가 안녕하게 되었다. 따지고 보면 나라를 세운 신이란 천지초창의 때 초목도 말을 하였을 때에 하늘에서 내려와 나라를 세운 신이다."[142]

---

142) 欽明天皇十六年(五五五)二月. 十六年春二月. 百濟王子餘昌遣王子惠〈王子惠者. 威德王之弟也.〉奏曰. 聖明王爲賊見殺.〈十五年爲新羅所殺. 故今奏之.〉天皇聞而傷恨. 迺遣使者迎津慰問. 於是許勢臣問王子惠曰. 爲當欲留此間. 爲當欲向本鄕. 惠答曰. 依憑天皇之德. 冀報考王之讎. 若垂哀憐多賜兵革. 雪垢復讎. 臣之願也. 臣之去留敢不唯命是從. 俄而蘇我臣問訊曰. 聖王妙達天道地理. 名流四表八方. 意謂. 永保安寧. 統領海西蕃國. 千年萬歲奉事天皇. 豈圖一旦歘然昇遐. 與水無歸卽安玄室. 何痛之酷. 何悲之哀. 凡在含情誰不傷悼. 當復何咎致玆禍也. 今復何術用鎭國家. 惠報答之曰. 臣稟性愚蒙不知大計. 何況禍福所倚. 國家存亡者乎. 蘇我卿曰. 昔在天皇大泊瀨之世. 汝國爲高麗所逼. 危甚累卵. 於是天皇命神祇伯. 敬受策於神祇. 祝者迺託神語報曰. 屈請建邦之神. 往救將亡之主. 必當國家謐靖. 人物乂安. 由是請神往救. 所以社稷安寧. 原天建邦神者. 天地株判之代. 草木言語之時. 自天降來造立國家之神也.(『일본서기』)

곧 웅략 천황 조에 고구려의 공격으로 누란의 위기에 처했을 때 '천지창조의 시기 하늘에서 내려와 처음에 나라를 세운 신'을 제사하게 되었다는 기록이다. 이러한 내용들을 근거로 "정사년丁巳年 겨울 10월冬十月(간나쯔끼) 이세국의 와타라이노미야渡遇宮에 옮겼다."[143]는 내용이 재해석되는 것이다. 웅략 천황시대 정사년이야 말로 이세신궁 창사의 해로 볼 수 있고, 그것이 곧 477년이었다.

2) 제신祭神, 타카미무스비노미코도高皇産靈尊

대왕 웅략 천황이 이세신궁에 모신 국가 최고신은 '천지창조의 시기 하늘에서 내려와 처음에 나라를 세운 신'이었다. 그러면 현재의 제신祭神인 아마테라스오오카미天照大神가 국가 최고신으로 처음부터 제사지내어졌던 것일까? 그러나 5세기 후반에 아마테라스 신은 아직 성립하지 않았다는 사실을 주목해야 한다. 뿐만 아니라 아마테라스는 아직 고구려에 대항할 수있는 국가 최고신으로는 불충분하였다.[144]

예를 들어, 숭신 천황 6년 조를 보면 "아마테라스와 야마토노오오쿠니다마倭大國魂(大國主神을 말함인 듯-필자 주)의 두 신을 천황의 대전大殿 안에서 제사지냈다. 그런데 신의 위력(神勢)이

---

143) 岡田精司, 『古代王權の祭祀と神話』.
144) 아마테라스 신은 아직 '히루메'의 단계였다.

두려워 같이 모시기가 불안하였다. 그래서 아마테라스를 도요스기이리히메노미코도豊鍬入姫命에 부탁하여 야마토倭의 가사누이무라笠縫邑[145]에서 제사지냈다. 이에 의하여 시카다키磯堅城의 신리神籬(신이 강림한 곳-필자 주)[신리神籬. 이를 比莽呂岐히모로기라 한다]를 지었다."[146]

이 기록에 따르면, 아마테라스 신은 지고신이 아니었다. 또 어느 정도는 왜대국혼 신과 갈등을 일으키는 대등한 관계에 있었다. 그리고 이어진 숭신 천황 7년 2월의 내용에서는 나라에 재해가 많고 혼란스러워 고민하는 중에 오오모노누시노가미大物主神에게 제사지내니 비로소 역병이 그치고 나라가 안정에 이르렀다는 내용이 나온다. 이 기록만을 고려한다면, 당시 야마토 왜에서는 아마테라스 신보다도 대국주신大國主神의 위세가 강했음을 보여주는 일화로 보아도 큰 무리가 없을 것이다.

그리고 웅략 7년 조에는 "천황이 지이사코베노무라지스가루少子部連蜾蠃에게 고(詔)하여 '짐은 미모로산三諸岳의 신의 형체를 보려고 한다[혹은 이 산신을 대물주신이라고도 한다. ...]...잡아오너라'라고 하였다. 스가루蜾蠃가....미모로산에 올라 큰 뱀(大蛇)을 잡아 천황에게 보였다. 천황은 재계를 아니하였

145) 比定地로는 檜原神社(桜井市 三輪), 多神社(나라현 磯城郡 田原本町多), 笠縫神社(磯城郡田原本町秦荘、秦楽寺境内南東隅) 등 다양하다.
146) 天照大神。倭大國魂二神。並祭於天皇大殿之内。然畏其神勢共住不安。故以天照大神。託豊鍬入姫命。祭於倭笠縫邑。仍立磯堅城神籬。〈神籬。此云比莽呂岐。〉(『일본서기』)

다"[147]고 했다. 야마토 왜에서 아마테라스 신과 동격의 관계를 가진 대국주신은 천황이 재계齋戒를 아니할 정도로 지고신의 위치를 지니지는 못했던 것이다. 웅략 천황 시대에 이세대신은 지고신이다. 아마테라스 신은 야마토 왜의 최고신이었을 것이기 때문에, 이세대신은 아마테라스 신이 아니었을 가능성을 보여준다.

=타카미무스비노미코도高皇産靈尊의 모습

이를 짐작케 해주는 기록이 있다. 23대 현종顯宗 천황 3년 조에 보면 "월신이 사람에게 지펴 '나의 선조 고황산령이 미리 천지를 만드신 공이 있다'"고 했고 또 "일신도 사람에게 지펴 '반여의 전지를 나의 선조 고황산령에게 바치라'"고 하였다.[148] 곧 '천지창조의 시기 하늘에서 내려와 처음에 나라를 세운 신'은 고황산령존高皇産靈尊(타카미무스비노미코도)이었다. 『일본서기』에

---

147) 天皇詔少子部連蜾蠃曰。朕欲見三諸岳神之形。〈或云。此山之神爲大物代主神也。或云。菟田墨坂神也。〉汝膂力過人。自行捉來。蜾蠃答曰。試往捉之。乃登三諸岳。捉取大蛇奉示天皇。天皇不齋戒。(『일본서기』)

148) 於是月神著人謂之曰。我祖高皇産靈有預鎔造天地之功。…… 日神著人。謂阿閉臣事代曰。以磐余田獻我祖高皇産靈。(『일본서기』)

는 高御産巣日神으로도 표기되었다.

'타카미'는 숭고한 신이며, '무스비'는 만물을 생성하는 신임을 뜻한다. '무스(ムス)'는 '苔むす(고케무스. 이끼가 끼다)' '草むす(쿠사무스. 초목이 생기다)'의 '무스(ムス)'로 생명의 출현을 의미한다. '虫(무시)'는 그것이 명사화된 것이며, 사람들은 모두 남자(ムスコ. 무스코) 여자(ムスメ. 무스메)로 생을 받는다. 이 신은 궁정의 수호신으로 신기관神祇官 서원西院의 팔신전八神殿에도 모셔졌다. 『일본서기』를 보면, 이 신은 아마테라스와 관계없이 지상을 지배하는 군주를 내려 보내는 역할을 담당하였다. 또 궁정에서는 아마테라스를 모시기 이전에도 이 신이 중심에 모셔지고 있었다.[149]

5세기 후반기부터, 야마토 왜는 고구려와 같은 전제적 통일 권력을 확립하기 위해 노력했다. 그리고 그 정신적 핵심으로 지고의 '천天'에 유래하는 왕권사상을 도입하였다. 야마토 왜의 왕은 고구려의 왕과 같이 '천제지자天帝之子'가 되고 싶어 하였다. 당시 고구려의 압박을 피해 온 일본열도로 몰려든 도래인들이 이러한 작업을 도왔다.

477년에 웅략 천황은 제사장祭祀場[祠]을 이세에 만들었다. 여기에서 '이세대신'인 국가 최고신 타카미무스비노미코도高皇産霊尊를 제사한 것이다. 『일본서기』에 이세에 모셔진 국가 최

---

149) 이 때문에 타카미무스비 신이 천황가의 선조신이자 수호신이지 않았을까 하는 해석도 있다.

고신은 웅략 이전, 줄곧 이세대신伊勢大神(또는 日神)으로 표기되어 있었다. 그 내용은 타카미무스비였다.[150] 타카미무스비 신은 "고구려 경유의 태양신 타카미무스비 신으로, 별명이 타카키高木의 신"이었다.[151] 이 최고신은 '하늘'과 연결된 수직적인 지고신이었다. 큰 나무(高木)를 신체神體로 한 '고목의 신'이라고 불려졌다.

타카미무스비 신은 『일본서기』와 『고사기』의 '신대기神代記'에 보이는 '조화삼신造化三神' 중 한 신이다.[152] 이러한 다카미무스비 신은 만물의 생성·생장을 관장하는 신이다. 메이지 시대 역사학자 구메 구니다케久米邦武는 일본의 "신도가 제천祭天의

----

150) 『일본서기』는 웅략, 계체, 흠명의 代에 이세에서 제사모셔졌던 신을 '이세대신'이라 표기했다. 이를 보통 아마테라스 신과 일찍 합쳐놓았다. 그러나 당시 '아마테라스'는 아직 성립하지 않았다. 또는 이세대신은 이세 재래의 지방신이 아닌가 하고 생각했을 수도 있지만, 이세의 재래신은 외궁에 모셔졌다. 이세대신은 실은 웅략이 모셨던 국가 최고신 타카미무스비였다. 그러면 왜 『일본서기』는 타카미무스비를 이세에서 모셨던 것을 명시하지 않고, 이세대신이라 했는가. 사정은 복잡하다. 이세신궁에는 줄곧 아마테라스가 모셔지고 있었다고 생각토록 하는 것이 『일본서기』의 의도였을 것이다. 거기에는 저항도 있었다고 생각한다. 야마토조정에는 타카미무스비 계통의 신을 제사하는 유력한 호족—大伴(오오토모)씨, 忌部(인베)씨, 物部(모노노베)씨, 中臣(나카토미)씨 등—이 있었다(溝口, 전게서). 그들의 입장에도 배려가 필요했다.

151) "是高木神者,高御産巣日神之別名."(『고사기』) 『고사기』에는 高御産巣日(타카미무스비), 『일본서기』에는 高皇産靈(타카미무스비)로 표기되었다. 『고사기』는 이 신의 별명을 '高木의 神'으로 하고, 이 이름이 나오는 장면도 많다

152) 일본 신화의 정점에 기록된 '삼신'은 아메노미나카누시노가미天御中主尊와 다카노무스비노가미高皇産靈尊 그리고 칸무스비노가미神皇産靈尊를 말한다. 일본역사의 삼신은 그 각각의 역할이 조화·교화·치화로 뚜렷하게 구분되지는 않는다. 칸무스비노가미는 이즈모出雲 계통의 신이다.

옛 풍속"이라 지적하였다.[153] 또 "일본 천황들은 아마테라스오오가미天照大神을 모시고 제사지낸 것이 아니었다. 고대의 왜한倭韓은 모두 동일한 천신을 제사지냈다. … 고조선 시대에 영고, 동맹과 마찬가지로 일본천황들도 니나메사이新嘗祭[154]를 지냈다"고 했다. 그는 일본 천황들이 본래 제사에서 받들던 신이 오늘날 알려진 일본의 시조신이자 천황가의 황조신皇祖神인 아마테라스오오가미가 아니라, 소도에서 제천 시에 받들었던 천신이었음을 지적했던 것이다.

'일본은 경신敬神의 나라이며, 일본의 신도는 제천보본祭天報本에서 생겨난 풍속이다. 하늘을 받들며, 천신의 아들[天子]을 나라의 제帝에 봉하고 제정일치의 다스림을 행한 것이다.' 이러한 구메 구니다케의 지적도 처음부터 이세신궁에 모셔졌던 신은 오늘날처럼 아마테라스 신이 아니라 소도제천의 제신과 동일한 지고신이었음을 말하고 있다. 이는 곧 성목신앙인 신단수와 같은 고목신을 제신으로 받들었던 것이다.

초대 신무 천황이 최초로 제사지냈던 신은 아마테라스가 아닌 타카미무스비였다.[155] "지금 나는 몸소 타카미무스비노미

---

153) 久米邦武, "神道は祭天の古俗", 『史學會雜誌』 10-12월, 1891.

154) 일본에서 고대부터 행해진 제사로 벼의 수확을 경축하고 이듬 해의 풍년을 기원하는 의식이다. 홍윤기는 이 제사에서 백제신 神主를 모셔오는 祝文인 '가라카미韓神'가 읽혀진다고 하였다("백제왕족 후지와라가문의 사랑 '가스카대사'", 세계일보, 2008.5.14.).

155) 武澤秀一, 『伊勢神宮の謎を解く-アマテラスと天皇の「發明」』, ちくま新書, 2011,

코도高皇産靈尊을 나타내기로 하겠다(顯齋). 너를 재주齋主로 하여..."156)라 하였다. 신무 천황은 제사의 장소를 산중에 설치하고, 천신을 제사했다. "'천신을 교사郊祀하여 대효를 밝히려 한다.'라고 말하였다. 신들에게 제사지내는 곳을 조견산鳥見山 속에 짓고..... 그리고 황조천신을 제사지냈다."157) 교사郊祀는 야외에 둔 단壇 위에, 황제가 동지나 하지 등 특정한 날에 하늘을 올리는 제사祭祀이다. 그러면 여기서 모셔지고 있던 황조의 신인 천신天神의 이름은 누구였을까? "지금 나는 타카미무스비를 제사하고"를 본다면, 타카미무스비에 대한 제사는 아마테라스에 선행하였다. 그리고 야외에서 거행되었던 것이다.

이 신은 천손강림 신화에서 아마테라스와 함께 천손天孫에게 강림을 명(司令)한 최고신이다. 『고사기』에는 그 둘이 같이 명했지만, 고대문학의 니시미야 카즈타미西宮−民는 원래의 사령신司令神은 타카미무스비(고목신古木神)였다고 했다. 『고사기』와 『일본서기』에 기록된 천손강림의 장면을 세밀히 분석해 보면, 천손강림의 사령의 주체는 아마테라스 보다는 타카미무스비

57쪽.

156) 天皇大喜。乃拔取丹生川上之五百箇眞坂樹以祭諸神。自此始有嚴 之置也。時勅道臣命。今以高皇産靈尊。朕親作顯齋。〈顯齋。此云于圖詩怡破毘。〉用汝爲齋主。(『일본서기』). 신무 천황의 실재는 의문이 있지만, 야마토 왕권의 초대 왕으로 보이는 숭신 천황의 事蹟을 신무 천황에 가탁했을 가능성이 있다.

157) 神武天皇四年(甲子前六五七)二月甲申《廿三》。可以郊祀天神用申大孝者也。乃立靈時於鳥見山中。其地號曰上小野榛原。下小野榛原。用祭皇祖天神焉。(『일본서기』)

였다. 그리고 타카미무스비는 천손강림의 신화와 함께 대륙에서 들어온 외래신外來神이었다.[158] 타카미무스비는 밖에서 온(外來) 신이다. 타카미무스비는 밖, 곧 대륙을 원향原鄕으로 하는 지고신이었다. 타카미무스비가

￣천손강림하는 니니기노미코도

맡은 '천天'은 대륙, 그리고 고구려라는 북방 유라시아 유래의 관념인 것이다. 5세기 초두, 고구려는 대륙을 제패한 강대한 패권국가였다.[159]

이 타카미무스비는 고목高木으로 상징되었다. 고목高木은 돈독한 신앙의 대상이었다. '고목의 신'은 야마토 왕권에서 스스로 도입한 외래의 태양신 타카미무스비였다. 그리고 웅략 천황의 시대에는 이미 들어와 있던 신이었다. "이 나무는 신목神木이다. 이 나라는 목국이다."[160] 고목 밑에서의 잔치(宴)도 행해졌다. 이

158) 武澤秀一, 『伊勢神宮の謎を解く-アマテラスと天皇の'發明'』, ちくま新書, 2011, 60쪽.

159) 패자가 된 왜국은 승자를 받드는 강고한 왕권신화를 취해, 자국의 왕권보강을 기도한다. 이러한 경위로 타카미무스비가 왜국에 도입된 것이다.

160) 景行天皇十八年(戊子八八)七月甲午 爰天皇問之曰。是何樹也。有一老夫曰。是樹

고목은 동북아 소도에 세워졌던 신단수神壇樹였던 것이다.

당시 야마토 왜는 타카미무스비 신을 국가 최고신으로 받들고 있었다. 아직 천황제도 황태자 제도도 없었다.[161] 뿐만 아니라 왕은 호족(群臣)들로부터 추대(推擧)되고 있었다. 따라서 왕은 대대로 교체되어 재정립되었다. 왕의 권위는 선대로부터 계승되는 것이 아니었으며, 지고신인 타카미무스비 신으로부터 주어지는 것이었다. 타카히무스비 신은 대왕의 권한을 초월한 지고의 신이었기 때문이다.[162]

이러한 상황은 당시 야마토 왜 왕의 즉위식이 진행되는 과정을 통해 확인 가능하다.[163] 예를 들어, 웅략 천황은 "유사有司에 명해, 타카미쿠라壇를 하즈세泊瀨의 아사쿠라朝倉에 설치하여 천황의 위에 즉위하였다. 여기에 궁을 정했다."[164]고 하였다. 하즈세泊瀨의 아사쿠라朝倉는 미와산의 남쪽 산록이다 여기

者歷木也。嘗末僵之先。當朝日暉。則隱杵嶋山。當夕日暉。亦覆阿蘇山也。天皇曰。是樹者神木。故是國宜號御木國。(『일본서기』)

161) 천황제나 황태자 제도 등은 모두 천무, 지통 왕조 이후에 제도화 되었다. 초대 신무 천황도 "15세 때 태자가 되었다"는 기록이 『일본서기』에 있다. 그러나 이는 '천황이 되기 위해서는 태자가 될 필요가 있다'는 후세의 史實을 역사에 소급해서 기술한 것일 뿐이다(전용신, 『완역 일본서기』, 일지사, 2005, 65쪽).

162) 율령국가 시대 조정에는 신 마쯔리를 담당하는 神祇官이 있고, 거기에 8棟의 神殿(=팔신전)이 설치되었다. 타카미무스비 이하, 8柱의 신이 棟마다 제사 모셔졌다. 국가 최고신으로 타카미무스비가 모셔지고 있었다. 7세기 후반 천무, 지통 왕조에서 히루메는 아마테라스로서 그리고 황조신으로 제사모셔졌지만, 그때까지 야마토 왕권이 제사하고 있던 국가신은 다카미무스비였다.

163) 岩井, 岡田, 『天皇代替り儀式の歷史的展開』; 熊谷, 전게서.

164) 天皇命有司設壇於泊瀨朝倉卽天皇位。遂定宮焉。(『일본서기』)

에 단壇을 설치했던 것이다. 문맥으로 봐서 이곳은 옥외라 추정하는 것이 가능하다. 대왕은 등단登壇하여, 최고신에 서약을 세우고, 최고신으로부터 부탁付託을 받아 즉위하는 절차였다. 이러한 의례를 거쳐 왕이 되고 궁을 정하는 것이다. 즉위의 단을 설치한 장소에 궁을 세웠으며, 그것이 대왕 웅략의 하즈세 아사쿠라궁泊瀬朝倉宮이었다. 제단을 설치하여 등극하였다는 기록은 웅략 천황 이후에 종종 보여진다.

제22세 청령淸寧 천황이 즉위할 때도 "유사에 이와레노미카구리磐余甕栗에 단을 만들고 천황이 즉위하였다. 궁을 정하였다."[165]고 했다. 무열武烈 천황도 "태자(25대 武烈天皇이다)는 유사에게 명하여 하즈세노나미키泊瀬列城에 단을 쌓고 천황의 위에 올랐다."[166]고 하였다. 또 제39세 천무 천황도 단壇을 설치하고 제위에 즉위하였다는 기록이 있다.[167]

이러한 단은 아무 데나 설치하는 것이 아니었다. 큰 나무(大木, 高木) 아래 설치하는 것이었다. 제명齊明 천황 2년(656) "전신령(다무봉)의 꼭대기에 둘러 담을 쌓았다.[전신은 산의 이름이다. 이를 다무大務라 한다]. 또 정상의 두 규목槻木의 근처에 관觀(도교의 사원인가)을 세웠다. 양규궁이라 하였다. 또는 천궁

---

165) 元年(480)春正月戊戌朔壬子。命有司。設壇場於磐余甕栗陟天皇位。(『일본서기』)

166) 太子命有司設壇場於泊瀬列城。陟天皇位。(『일본서기』)

167) 天武天皇二年(六七三)....天皇命有司。設壇場即帝位於飛鳥浮御原宮。(『일본서기』)

(도교에 의한 이름인가)이라 하였다."[168]

고목高木 밑에 단을 설치하고, 등단한 천황은 고목高木을 올려다 보고, 고목을 향해 선서한다. 고목의 신으로부터 부탁付託을 받는 것이다. 36대 효덕孝德 천황 조를 보면 "황태자(효덕천황)는 대규大槻의 나무 아래에 군신을 소집하여 맹세를 하게 하

▪ 이세신궁 내궁의 전경

168) 於田身嶺冠以周垣。〈田身。山名。此云太務。〉復於嶺上兩槻樹邊起觀。號爲兩槻宮。亦曰天宮。(『일본서기』)

였다[천신지기天神地祇에 고하여 '천복지재天覆地載한다. 제도帝道는 유일하다. 그러하거늘 말세는 효박淆薄하여 군신이 질서를 잃었다..... 만일 이 맹세를 저버린다면 천재지요天災地妖가 일어나고 귀신이 주誅하고, 사람이 징벌할 것이다. 밝은 것이 일월과 같다'고 말하였다]."[169] 그리고 이곳에서 주연酒宴을 베풀었다. 지통천황 2년, 12월 "비조사飛鳥寺(아스카절)의 서쪽 규목 밑에서 향응을 베풀었다."[170]

이 나무는 신성한 나무였다. 함부로 베어내거나 할 수 없는 신목神木이었다. 31대 용명 천황은 "불법을 믿고 신도를 공경하였다(天皇信佛法尊神道)"고 했다. 그러나 제36대 효덕 천황은 "불법을 존중하고 신도神道를 가벼이 여겼다.[생국혼사의 나무를 자른 것들이 이것이다]"[171]라고 하였다. 37대 제명 천황 7년에도 "천황이 아사쿠라노다치바나노히로니와 궁朝倉橘広庭宮에 옮겨 거주하였다. 이 때 아사쿠라사朝倉社의 나무를 모두 베어 이 궁을 지은 고로 (뢰)신이 노하여 대전大殿을 무너뜨렸다. 또 궁중에 화귀(鬼火)가 보였다."[172]

---

169) 皇太子。於大槻樹之下。召集羣臣盟曰。〈告天神地祇曰。天覆地載。帝道唯一。而末代澆薄。君臣失序。皇天假手於我。誅殄暴逆。今共瀝心血。而自今以後。君無二政。臣無貳朝。若貳此盟。天災地妖。鬼誅人伐。皎如日月也。〉(『일본서기』)

170) 持統二年(六八八)十二月乙酉朔丙申《十二》。饗蝦夷男女二百一十三人於飛鳥寺西槻下。(『일본서기』)

171) 尊佛法輕神道。〈斷生國魂社樹之類是也。〉(『일본서기』)

172) 天皇遷居于朝倉橘廣庭宮。是時。斷除朝倉社木而作此宮之故。神忿壞殿。亦見宮中鬼火。(『일본서기』)

말할 것도 없이, 고목高木의 신은 최고신인 타카미무스비의 신체神體였다. 고목高木 밑에서 즉위식이 이루어진다는 것은 즉위식에서 일본 왕들이 고목高木의 신 타카미무스비로부터 통치권을 받는 것을 뜻한다. 타카미무스비의 신체神體인 고목高木은 거대한 히모로기였다. "천황은 왜희명을 지팡이(御杖-신이 나타날 때 매개로 하는 나무의 역할)로 삼아"[173] '이세대신의 야시로祠'를 이세국의 땅에 세웠던 것이다.

3) 이세신궁의 신노미하시라心御柱

그러면 이세신궁의 히모로기는 어디에 있을까? 앞서 지적하였듯이, 히모로기는 심어주心柱이다. 이세신궁의 제사는 바로 이 심어주에서 시작되었다. 심어주는 이세신궁 정전正殿의 상床 밑 중앙에 있으며, 한 그루(本)의 기둥(柱)이다. 이러한 심어주는 그 존재에 대해서 접촉하는 것도, 보는 것도, 말하는 것도 할 수 없는 비밀 중의 비밀이었다. 이는 그저 상床을 받치는 쓰임새가 아니었다. 심어주는 직접 봉사하는 자만이 아는 세계지만, 시대에 따라 변천해 왔다. 그러나 사료史料를 보면 어느 정도 그 모습을 그려볼 수 있다.

헤이안平安 시대 초에 쓰여진 『皇太神宮儀式帳』을 보면, 황태신궁은 오늘날 황대신궁이라 표기되었고 내궁이다. 이 문

---

173) 一云。天皇以倭姫命爲御杖。貢奉於天照太神。是以倭姫命以天照太神。(『일본서기』)

헌은 804년, 환무桓武(칸무) 천황 때에 신기관神祇官에 제출되었던 것으로, 심어주를 직접 언급한 것으로는 가장 오래된 사료이다. 조영행사 관련 기록에는 심어주에 관한 기사가 보인다. "정전의 심心의 어주御柱를 만들기 위해, 길일吉日을 골라 소마야마杣山에 들어간다. .... 심의 어주를 소마야마杣山에서 운반하여 정전의 용지用地에 둔다. 소마야마杣山는 용재를 베어내는 산이다. 杣山에 들어가기 전에 산신을 제사하는 것이 야마구찌사이山口祭이고, 심의 어주를 골라 나무의 뿌리에서 제사하는 것이 고노모토사이木本祭이다. 그리고 지진제地鎭祭를 행한 후 나무를 자른다. 운반한 뒤에는 네기禰宜와 대물기大物忌가 심어주를 세우기 시작하고, 그 후 직인職人들이 심어주를 실제로 세우는 작업을 한다."

네기는 고위의 신직이다. 정전正殿을 만들기 위해서는 우선 심의 어주를 세우는 것부터 시작한다. 그것은 건축공사라기보다는 신神 마쯔리의 의례儀禮이다. 심의 어주를 세우는 의의儀는 비의祕儀 중의 비의이다. 심어주에 대한 제사도 비의祕儀 중의 비의였을 것이다. 이세신궁의 내궁과 외궁에서는 삼절제三節祭(산세쯔사이)라 하여 매년 3개의 중요한 마쯔리가 행해진다. 10월(구력舊曆 9월)의 신상제神嘗祭(간나메사이), 6월과 12월에 행해지는 월차제月次祭(쯔기나미사이)이다. 심어주는 이러한 마쯔리의 중심이 되어 왔다.

그리고 외궁에서는 매일 아침 저녁(朝夕) 2회, 미케덴御饌殿에 식사를 올린다. 내궁의 정전正殿에는 삼절제 때에만 올린다. 이때 올리는 식사는 격별格別한 것이다. 이를 유귀대어찬由貴大御饌(유키노오오미케)이라 부른다. 유키由貴는 그 이상이 없는 귀貴하다고 하는 의미이며, 어원語源은 신에 올리는 유키齋酒이다. 어찬御饌은 신에 헌상하는 식사를 말한다. 대어찬大御饌의 때는 특별히 헌상한다. 그 공진供進은 밤과 새벽, 곧 오후 10시와 오전 2시로 2회에 걸쳐 행해지는 비의祕儀이다. 옛날에는 정전正殿의 상床 밑에 오오모노이미大物忌[174]가 들어가 유귀대어찬을 심어주心御柱에 올렸던 것이다. 이는 이세신궁의 제사가 심어주에서 시작됐음을 반영하는 것이다.

— 이세신궁 최대의 마쯔리, 신상제. 정월에도 행해지고, 10월 15일부터 10일 동안 행해지는 가장 중요한 마쯔리이다.

---

174) 物忌는 신에 봉사하는 地元豪族의 童女로, 대물기는 그 대표이다.

심어주는 신체神體이다. 신사에서 가장 존귀한 것으로, 무엇보다도 우선되어야만 하는 대상이었다. 그런데 메이지 유신 이후에는 유귀대어찬이 상床 밑의 심어주에 올려지지 않았다. 대신에 이세신궁 정전正殿 앞에 공양되었던 것이다. 정전은 심어주의 바로 위에 위치한다. 그리고 정전正殿 중앙에는 신체神體로서 거울(鏡)이 안치되었다. 때문에 유귀대어찬은 신체인 거울(神鏡)에 바치는 것으로 바뀌었던 것이다.[175]

그러면 이세신궁에는 심어주와 거울, 2개의 신체神體가 있게

　이세신궁에서 올려지는 가구라神樂와 음식[御饌 미케]

175) 거울에 대해서는 다양한 설이 있다. 천손강림의 장면에 나타난 거울도 있고, 주술 및 제사용구로서 거울도 있었다. 예부터 '가가메'라 하여 '뱀의 눈'으로 이미지화된 거울도 있다. 目=鏡의 연상이다. 『고사기』와 『일본서기』는 거울을 아마테라스의 신체로 하는 근거를 제시했다. '히미코의 거울', 히미코를 '日御子(히미코)'라 읽었던 것은 에도시대 아라이 하쿠세키新井白石였다. 그것은 '日의 巫女(미코)', 아마테라스의 이미지가 되었다.

된다. 그것도 신구新舊의 신체였다. 심어주는 위에서 보았다시피, 고목高木의 신 타카미무스비의 의대依代를 축소하여 신체로 한 것이다. 그러면 새롭게 자리한 신체인 거울은 무엇인가? 미리 이야기한다면, 새롭게 이세신궁에 모셔진 황조신皇祖神 아마테라스도 신체神體가 필요하였던 것이다. 그것이 거울이었다. 신경神鏡은 새로운 신체였다. 그리고 유귀대어찬이 공양되는 곳도 심어주에서 거울로 변했다. 두 신의 입장이 완전히 역전된 것이다. 거울은 태양신의 신체로, 이세신궁의 내궁에 아마테라스의 신체가 되었다.

심의 어주는 '천어주天御柱(아메노미하시라)'로도, '천어량주天御量柱(아메노미하가리노하시라)'라고도 불린다. 이세신궁에서는 20년 마다 정전을 옮기는 식년천궁式年遷宮이 행해진다. 그러나 천궁이 완료된 이후에도 심어주 만은 그대로 남아있게 된다. 20년 후에 다시 천궁이 행해질 때는 이 남겨진 심어주의 위치가 기준이 되는 것이다. 심어주를 중심으로 해서 신역神域의 '소우주'가 형성된다. 이 하시라柱가 천어량주天御量柱(아메노미하가리노하시라)라는 것도 측량의 기준에서 유래한 것이다. 원래는 정전正殿의 중심(芯=心)에 있는 기둥(柱)이라는 의미였다. 천의 어주는 하늘과 땅을 연결한 세계의 기축基軸이 되는 것이다.[176]

---

176) 그래서 지금도 신들의 셀 때는 1柱, 2柱... 라 한다. 여기에 柱가 갖는 깊은 의미가 반영되었다. 그러나 柱 신앙의 근저에는 樹木신앙이 자리하고 있다. 1279년 문헌에 의하면, 심어주는 지상에 1미터 정도, 地中에 60센치 정도로 전해지고 있

홀로 세워진 하시라柱는 신이 빙의憑依해 내린 히모로기이다. 현대에는 내궁의 심어주가 전부 땅 밑(地中)에 묻혀있다고 한다. 숨겨지지 않으면 안 되는 뭔가 특별한 이유가 있었을까? 원래 모시고 있던 최고신을 숨기면서, 유구한 역사를 지닌 이세신궁은 황조皇祖 아마테라스를 모셔 온 신사로 자리매김되었다. 초기의 역사가 말살되어 버린 것이다. 처음의 제신祭神은 말할 필요도 없이 타카미무스비였다. 심어주는 바로 타카미무스비가 빙의憑依한 히모로기였던 것이다. 그것이 신체神體였다.

당초 정전의 조영에 앞서 심어주를 세웠던 것은 아마테라스에 앞선 타카미무스비를 제사하는 것을 의미하였다. 그 후 처우가 바뀌었다. 타카미무스비에 대한 태도가 변화된 것이다. 심어주는 제신祭神 타카미무스비의 흔적이었다. 때문에 이세신궁의 심어주는 보는 것도 말하는 것도 안 되고, 땅 밑에 매몰되어, 더구나 정중하게 장송葬送되기까지 했던 것이다. 남북조시대인 14세기 전반의 문헌에 의하면, 역할이 끝난 심어주는 같은 경내에 있는 별궁 황제궁荒祭宮 앞 계곡에 '장송葬送의 의식儀式'으로 보내졌다. 황제궁 앞 계곡이 타카미무스비를 장사葬事지냈던 장소였다. 그 후 심어주의 장지葬地는 변경되었지만.

다(『내궁가전천궁기』). 같은 13세기 후반, 외궁 관계자에 의해 쓰여진 『心御柱記』 등에 의하면, 柱는 12센치 角, 길이 1.5미터(神道五部書의 하나인 『豊受皇太神御鎭座本紀』에도 동일하게 기술되었다)였다. 현재의 하시라柱는 내궁, 외궁에도 길이 1.8미터, 經이 27센치 角의 편백나무라 한다.

히모로기는 신비롭게도 상 밑(床下)에 있었다. 분명히 높은 상(高床) 건물의 상 밑에서 제사가 행해진 것이다. 상 밑에 대한 감각은 현대인과 다르다. 히모로기인 하시라에 빙의한 신은 하늘에서 지상인 이 땅으로 내려온 신이었다. 가마쿠라 시대(1185 경-1333)의 말기 문헌에 전하는 것을 보면, 식년천궁을 위해 심어주가 세워졌고 그 주위에 아마노히라가天平瓮(평평한 토기의 접시-필자 주) 8백 매가 겹겹이 쌓여 있었다. 아마노히라가天平瓮는 『일본서기』 신무천황 즉위 기년에 있는 내용이다. 야시로社 안에 있는 흙으로 아마노히라가天平瓮 및 이쓰헤嚴瓮(신주 神酒를 넣는 신성한 병-필자 주)을 만들어, 사카키를 의지처(依代)로 하여 신무 천황이 타카미무스비를 제사했다는 이야기이다.

아마노히라가天平瓮는 타카미무스비에 대한 제의祭儀로, 이것이 『일본서기』가 전하는 최초의 신맞이(카미마쯔리) 장면이다.

═태일신을 모신 이세신궁의 마쯔리

아마노히라가天平瓮에 둘러싸인 심어주는 아마테라스가 아니라, 본래 이세신궁의 제신 타카미무스비를 의미했다. 심어주는 기둥(柱)이라 해도 극도로 짧다. 오히려 나무 방망이(捧)라 하는 것이 가깝다. 그러나 히모로기는 고목高木을 상징한 것이며, 곧 타카미무스비를 의미하는 것이었다.[177] 타카미무스비는 천손강림의 신화와 함께 대륙에서 들어왔다. 소위 외래신外來神이자 지고신이었다. 한반도 북방이 그 원향原鄉이었다.

이세내궁伊勢內宮의 배후에는 현재도 소도처럼 성소로 광대하게 펼쳐진 원시림이 있다. 이곳은 예로부터 고우라이비로高

ᆖ이세신궁의 주변. 하단에 고우라이비로高麗廣가 보인다.

177) 오늘날 諏訪대사의 御柱나 伊雜宮의 御料田에 세워진 하시라처럼 큰 형태도 있다.

▬ 조웅산朝熊山에서 바라본 이세만의 모습

▬ 이세신궁 참배길과 경내의 닭. 아마테라스 신의 사자로 사육되고 있다.

麗広이라는 이름으로 불렸다. '고구려의 벌판'인 것이다. 그런데 이곳은 과거에 도래인의 입식지入植地였다고 한다. 김달수의 『일본 내의 조선문화(日本の中の朝鮮文化)』에 의하면, 이세신궁 주변에 있는 가라카미산韓神山은 오십령천五十鈴川의 상대편 언덕에 있다. 꼬불꼬불 구부러진 노지路地의 안쪽에 들어가 있어, 접근하기가 어려웠다고 한다. 가라카미산韓神山이란 이름이 남아 있는 것도 의미있다. 이것도 원래 이곳이 도래인의 입식지入植地였음을 증명하는 하나의 단서이다.[178]

4) 최고신의 교체 : 타카미무스비에서 아마테라스로

7세기 후반에 일본열도에서는 격변이 발생한다. 고대 최대의 국내전쟁인 임신壬申의 난亂[179]이다. 672년 왕위 계승을 둘러싸고 천지天智 천황 측과 천무天武 천황 측이 전쟁을 벌인 것이다. 여기서 대승리를 거둔 천무천황이 즉위하면서, 이세신궁을 둘러싼 양상은 일변했다.[180] 천무천황은 50여 년간 공백

---

178) 前田憲二 外, 『渡來の原鄕 白山·巫女·秦氏の謎を追って』, 現代書館, 2010, 33-4쪽.

179) 소설적 기법이지만 야기소우지八木莊司의 『고대로부터의 傳言-壬申의 亂』(角川서점)과 세키유지關裕二의 『壬申의 亂의 수수께끼』(PHP문고)도 읽어볼 만하다.

180) 이세신궁은 天武(40대) 조에 이르러 그 성격이 바뀌었다. 그때까지의 동서의 횡축을 남북의 종축으로 바꿨다. 그 주된 이유는 우주의 太極을 북극성의 위치에서 구했던 중국철학을 받아들인 천무 조는 그 태극을 천황의 位에 비정하고 北辰의 명칭인 天皇大帝의 명을 그 수장의 명칭으로 하였기 때문이다. 천무 조부터 유래한 '천황'이란 말은 '천황대제는 북신의 별'이라는 관념에서 온 것이다. 결국 천

이 있던 이세신궁에 재왕 파견을 결정하였다.『일본서기』에 의하면, 임신의 난을 거쳐 천무천황이 673년에 즉위하고, 딸을 '천조태신궁'에 봉사하는 재왕斎王에 임명했던 것이다. 그녀는 미소기禊의 기간을 거쳐 다음 해인 674년 '이세신궁'에 파견되었다.[181]

그런데 이 때 재왕이 봉사하던 신은 이전과 달리 타카미무스비가 아니었다. 아마테라스로 바뀌었던 것이다. '신으로 대접받았다'던 천무 천황, 그리고 '신'이라 불려진 최초의 천황 천무는 '천황'을 칭하고, 여기에 정통성을 부여한 '황조皇祖'를 창출하여 나갔다. 국가 최고신이 타카미무스비에서 아마테라스로 바뀐 것은 '황조신皇祖神의 교체'이다. 천무와 지통持統 천황의 시대에, 국가 최고신이 타카미무스비에서 아마테라스로

─────────────

황은 북신, 곧 북극성을 신령화한 용어이다. 북극성을 상징한 '천황대제'에서 스스로 '천황=현인신現人神'으로 위치 부여한 천무 조에 있어서, 천황가의 조상신인 천조대신과 습합한 북극성의 太一은, 그것을 보좌하는 북두와 함께, 천황가의 수호신으로서 이세의 땅에 숭배, 제사 모셔지게 되었다. 북극성이 신격화한 '태일'을 천조대신에 습합시켜 內宮의 신이 되었다(김후련, "日本古代における伊勢信仰の成立と王權との關係",『일본연구』22호, 136쪽). 춘추전국을 마감하여 중국 최초의 통일제국을 열었던 진한대로 가면, 우주 최고의 지고신으로 공자가 말한 것과 동일한 北辰星, 곧 북극성을 내세웠다. 천상의 모든 별이 하나의 정점을 중심으로 움직이듯이 지상의 천자天子도 그와 같음을 천명하려 했던 것이다. 이 시대 북극성 신의 이름은 太一神이었다. 태일은 말 자체가 이미 만물이 비롯된 '위대한 하나'를 지칭한다. 최초로 중국의 천문학서를 집대성한 사마천은 북극성을 하늘의 꼿대라는 의미에서 天極星이라 표현하였다(김일권,『우리역사의 하늘과 별자리』, 고즈윈, 2008, '하늘 중심에 빛나는 북극성 신화' 참조).

181) 斎王의 파견이 천무 즉위까지 50년 정도 끊어졌던 것을 중시하고, 그 이전 斎王 파견의 史實性을 의문하는 견해가 있다(溝口, 전게서).

전환轉換되었다는 것은 정설이 되고 있다.

왜 천무와 지통 천황 때에 아마테라스라는 '황조신'이 새롭게 국가신으로 세워졌는가? 왜 이러한 국가 최고신의 교체가 일어난 것일까?[182] 이러한 점을 중심으로 살펴보자. 이 당시 한반도에서 백제와 고구려의 멸망은 야마토 왜에도 큰 위협을 주었다. 왜는 자립의 길을 모색해야 했다. 천무天武 천황(40대.

■ 백촌강 전투와 백제의 패망

182) 溝口陸子는 이 문제를 "황조신의 전환"으로 파악했다.

673-686)이 그 선두에 섰다. 그는 임신의 전쟁(672)에서 승리하여 천황의 자리에 올랐다. 신라와 당에 의해 백제와 고구려가 멸망한 직후의 전쟁이었다. 왜는 한반도 정세의 영향을 받지 않을 수 없었다.

천지 천황은 제명 천황의 뜻을 이어 백제의 부흥과 원조를 위해 동분서주했다. 그러나 이제 백제가 멸망한 마당에, 야마토 왜의 정체성은 흔들릴 수 밖에 없었다. 임신의 전쟁에서 권력을 장악한 천무 천황은 그대로 볼 수 없었다. 전대 이래의 모든 제도를 일신해 나갔다. 토착화된 귀족세

— 아마테라스 오오가미

력을 억누르고 중앙집권정책을 강력하게 추진하였다. 새 술을 새 부대에 담는 조치들이었다. 모든 것을 새로 바꾸고 새 틀을 짰다. 일본 고래의 의복제도를 금지하고, 의복령을 제정하고 관위제도 바꿨다. 문무관文武官 선임제, 호적 및 일력의 제정과 사용, 성씨제 실시, 불교행정의 개혁, 승마제 실시, 국가 기본

법(율령·'大寶令') 편찬(701) 등 행정전반을 개혁해 나갔다.

뿐만 아니다. 왕경을 조영하고 도읍도 옮겼다(694). 오우미近江에서 다시 아스카(奈良縣 高市郡 明日香村)로 바꿨다. 이곳이 바로 '신라의 경주를 본뜬' '초석립주礎石立柱' 건축양식으로 지은 최초의 왕경王京이었다. 일명 후지와라교藤原京라 하였다.[183] '천황'이란 호칭도 '천황대제'에서 차용하여 공식적으로 사용하기 시작했다. 천황대제는 자미원을 구성하는 자리, 하늘의 성스러운 황제를 말한다. 곧 천황대제별인 북극성을 말한다. 천황은 '북신北辰의 별' 곧 북극성을 신령화한 용어였다. 『일본서기』나 『고사기』에는 607년부터 천황칭호가 사용되었다 하지만 공식화된 것은 이 때, 곧 천무 천황 때부터 였다.

야마토 왜는 '새로운 천황' 중심의 '새로운 역사'가 만들어지기 시작했다. 670년에는 아예 국호도 '일본'으로 바꾸어 버렸다. 『삼국사기』를 보면, 문무왕 10년(670) 12월에 "왜국이 이름을 고쳐 일본日本이라 하고 스스로 '해 나오는 곳에 가까워 이처럼 이름을 지었다.'"고 했다.[184] 드디어는 모든 관계를 끊

---

183) 이 모든 개혁에 미친 신라의 영향력 및 '초석립주' 건축양식에 대해서는 최재석, 『일본 고대사의 진실』, 일지사, 1998, 127-148, 289-299쪽에 잘 나타나 있다.

184) "文武王十年十二月, 倭國更國號日本 自言近日所出 以爲名"(『三國史記』 '신라본기'). "日本國者 倭國之別種也 以其國在日邊 故日本爲名"(『舊唐書』). "或曰 倭國自惡其名不雅 改爲日本"(『舊唐書』). 그러나 최근 다른 견해도 제시되었다. 도노 하루유키東野治之 교수는 예군禰軍(613-678)이라는 백제인 묘지명을 분석한 뒤, 묘지명의 '일본'은 중국에서 볼 때 '해가 뜨는 곳'이라는 뜻으로 곧 백제를 가리키는 것이라 주장하였다.

어내고 재정리하는 역사편찬 작업을 시작하였다.[185] 그 결과, 720년 『일본서기』가 편찬되었다.[186] 『일본서기』는 일본 정부에서 편찬한 최초의 정사正史이다. 일본의 신대神代부터 지통持統 때까지(초기-696) 기록되었다.[187] 천황가의 만세일계萬世一系 정통성을 만들었다. '새로운 역사 만들기'로 시작되었다. 집안을 만들어 족보를 새로 작성하는 심정이었으리라. 다시 왕경을 바꿨다. 일본 나라분지의 남단인 아스카, 곧 '편안히 잠잘 수 있는 곳'에서 헤이죠교平城京로 다시 천도했다.[188] 710년의 일이다. 이 헤이죠교가 세워질 때는 도시 이름을 아예 '나라'라 명명했다.[189]

---

185) "天武天皇十年(六八一)···天皇御于大極殿.··· 令記定帝妃及上古諸事."(『日本書紀』).

186) 이에 앞서 712년에 『古事記』가 편찬되었다. 오노야스마로太安万侶에 의해 편찬된 일본 最古의 역사서이다. 『일본서기』에 비해 신화적, 설화적 분위기가 지배적이다. 일본국의 고대 왕들은 그 계보가 바뀔 때마다 이전의 帝王紀 등을 폐기, 수정하여 自系 중심의 새로운 제왕세기를 편찬하였다(문정창, 전게서, 545쪽). 이 외에도 일본 역사서는 『續日本記』(697-791), 『日本後紀』(792-833), 『續日本後紀』 (834-850), 『文德實錄』(850-858), 『三代實錄』(858-887) 등이 있다. 이 외에도 각 지방의 산물, 지명유래, 전승신화 등을 지명단위로 조사하여 중앙정부에 제출케 한 보고서로 『風土記』(713)가 있고, 현재 완본이 유일하게 전해지는 것이 『出雲國風土記』이고, 일부분만 전해지는 것도 몇 권 있다.

187) '持統'은 '統을 바로잡는다'는 뜻이다. 부여씨 왕통이 扶持하게 되었다는 뜻에서 지어졌다고도 한다. 문정창은 이런 논리를 세워 백제 의자왕계가 천지-지통으로 이어졌다고 주장하였다(문정창, 전게서, 157-159쪽).

188) "일본에서는 헤이죠교가 당나라의 장안을 본따서 지었다고 끈질기게 주장하고 있으나 그 근거는 없다."(최재석, 『일본 고대사의 진실』, 일지사, 1998, 65-68, 144-146쪽)

189) 김철수, 『일본고대사와 한민족』, 상생출판, 2009, 99-102쪽.

이러한 상황에서 천무, 지통 천황 때에 아마테라스라는 '황조신'이 국가신으로 세워졌던 것이다. 황조신 아마테라스天照大神는 종래 국가신의 틀을 넘어, 천무 '천황'이 등장에 맞추어 창조되어진 신이다. 그러면 아마테라스는 어떤 신이었는가? 아마테라스는 베짜는 집 하타도노織殿에 살며 신의 옷을 짜는 여신이었다. 옷 짓는 여자(織姬)로서의 전사前史가 있는 것이다. 『일본서기』는 '천석굴天石窟' 신화의 앞 단계에서, "천조대신天照大神이 신의神衣를 짓는(織) 재복전齋服殿에 살고 있다"[190]고 하였다. 또 「일서-書」에도 태양日의 신神은 "하타도노織殿에 살고 있다"[191]고 했다. 신을 위해 옷을 짓는 '히루메=日의 妻'였다. 이러한 전신前身을 최고신 아마테라스는 갖고 있었던 것이다.

그 이전 역대 왕이 이세신궁에 모시고 있던 국가 최고신은 타카미무스비였다. 그러면 그 때 아마테라스의 전신인 '직희織姬로서 히루메=日의 妻'가 짜는 신의神衣는, 남신 타카미무스비가 입는 옷이 아니었을까? 이렇게 생각하는 이유는 있다. 이세신궁에서는 신에게 옷을 드리는 마쯔리가 열린다. 간미소사이神御衣祭는 음력 4월과 9월에 행해진다(현재는 5월과 10월이다-필자 주). 옷을 드리는 곳은 내궁의 정전正殿과 황제궁荒祭宮 만이다. 외궁에서는 행해지지 않는다. 이세신궁의 마쯔리에서 이

---

190) 又見天照大神, 方織神衣居齋服殿。則剝天斑駒。穿殿甍而投納。是時天照大神驚動。以梭傷身。由此發慍。乃入于天石窟。閉磐戸而幽居焉。(『일본서기』)
191) 日神居織殿時。(『일본서기』)

렇게 한정하는 것은 이례적異例的이다. 아마테라스는 직희織姬의 전신前身이었다. 689년의 '초벽만가草壁挽歌'에서는 '아마테라스히루메노미고토天照らす日女の命'였으며, 그 실질이 히루메의 신이었다.

그런데 웅략 천황 이전, 이세신궁에 모셔진 국가 최고신은 줄곧 이세대신伊勢大神(또는 日神)으로 표기되어 있었다. 그러다 천무 천황 원년(672)에 '천조태신天照太神'이 돌연 출현한다. 그 것이 임신의 난에서, 천무 천황이 행군 중에 했던 망배望拜 기사이다. 『일본서기』를 보면, 천무 천황 원년에 "멀리서 천조태신을 망배望拜하였다."[192]고 하였다. 이 때 이세신궁에 모셔진 것은 천조대신이라기 보다는 당시의 국가 최고신 타카미무스비였다. 천조태신에 연결될 가능성이 있는 것은 타카미무스비에 봉사하는 '히루메=日의 妻'이지만, 당시는 재왕 파견이 끊겨 있었다. 그때까지 왕이 야마토에서 제사하고 있던 日의 神 또는 '히루메=日의 女'이라는 신은, 이세신궁에 국가 최고신으로 모신 타카미무스비 신에 봉사하던 신이었다. 본래 '히루메=日의 女' '日의 妻'는 타카미무스비를 모시는 모습이다. 웅략 천황 이후의 역대 왕들이 이세신궁에 파견한 재왕齋王이었다.[193]

---

192) 天武天皇元年(六七二)六月丙戌《廿六》. 丙戌。旦於朝明郡迹太川邊望拜天照太神。(『일본서기』)

193) 岡田는 齋王을 신격화한 것이 히루메의 신이며, 齋王은 이와 결합했다고 보

이세신궁이 아마테라스를 제사하게 된 이유는, 임신의 난에서 천무 천황 측이 행군 도중 아마테라스를 망배望拜하고, 필승을 기원하여 영험靈驗을 받아 대승리를 거두었다고 믿었기 때문이다. 또 주목할 만한 것은 아마테라스가 이세신궁으로 오는 경유지가 임신의 난에 천무 천황의 행군경로에 관계가 깊다는 것이다. 그러면 아직 '아마테라스'는 성립하지 않았다. 아마테라스에 기원했기 때문에 승리한 것이 아니라, 승리했다는 결과를 얻어서, 『일본서기』편찬자가 '아마테라스 望拜'의 기사를 뒤에서부터 삽입했다고 보여진다. 원래 망배했다는 장소에서 이세신궁의 땅은 보이지 않는다는 지적도 있다.

이 때 천무 '천황'도 '황조신' 아마테라스도 출현했던 것이다. 천무천황은 새롭게 황조신(=天照らす日女[히루메]の命[미코도])를 발안하였다. 국가신을 제사하는 장이면서 오래도록 재왕 부재의 상태에 있던 이세신궁에 '황조신' 아마테라스를 진좌시키는 것으로 황통의 기원을 명확히 했다. 그리고 자신의 딸을 재왕으로 파견하여 '황조신'을 제사하기 시작했다. 그리하여 황손皇孫, 곧 신의 자손으로서 '천황'—결국 천무 천황의 입장—을 구체적으로 근거지웠던 것이다. 그래서 '황조신'을 모신 장場(=이세신궁)과 제사하는 자(=천황을 대신한 재왕에 의한 제사)가 확립되었다.

았다.

'천황'의 혈통상의 선조를 '황조신'으로 규정하고, 이를 국가 최고신에 위치 부여한 것은 황조신의 자손(황손)인 천황이 사람이자 신神이라는 관념을 확산시켰다. 육신을 가진 신, 곧 아라히토가미現人神의 탄생이다. 이에 따라 천황은 왕과는 차원이 다른 존재가 되었다.

그것이 '아마테라스히루메노미고토天照らす日女の命'로, 머지않아 아마테라스오오가미天照大神라 불리운 신이었다. 이세신궁에 파견된 재왕은 바로 이 새로운 신을 모셨다. 태양의 신 히루메는 아마테라스의 원상原像이었다. 미조구찌溝口睦子에 의하면, 아마테라스의 전신은 야요이 시대에 히루메(=日の女)였다. 그것은 소박한 태양 여신이라고 했다(『アマテラスの誕生』). 이러한 '히루메'에 대해서는 미조구찌溝口와 같이 '日의 女'(日=女. 태양과 여성이 대등한 관계에 있다)로 보는 설과, '日의 妻'(日의 神에 봉사하는 巫女)로 보는 설이 있다. 후자는 민속학자 오리구찌시노부折口信夫가 주장하였다. 가장 광범한 지지를 받았으며 종래 이것이 유력시되어 왔다. 이 히루메가 후에 황조신 아마테라스로 받들어지게 되었던 것이다.[194]

----

194) 아마테라스 神名을 둘러싸고 『일본서기』에는 다양한 표기들이 나타나고 있으며, 대략 다음과 같은 4단계이다. ①日の神 : 자연신으로서 태양신. ②大日靈貴·大日靈尊(오호히루메노미코도) : 히루메에 존칭이 붙어있는 형태로, 자연신이 여성에 본뜬 인격신. ③天照大日靈尊(아마테라스오호히루메노미코도) : '天照らす日女(히루메)の命(미코도)'. ④천조대신 : '天に照り輝きたまう'라는 보편성을 의미하는 형용이 명사화되고, 황조신으로서 결정적인 존귀성이 명확히 나타난다. 태양

제신祭神이 타카미무스비에서 아마테라스로 바뀌었다. 따라서 이세신궁도 바뀌어 재정립된 것이다. 웅략 천황에 의한 이세창사伊勢創祀가 이세신궁의 '탄생'이라면, 천무·지통 천황 조에 이세신궁의 '재'사'再'祀는 이세신궁의 '성립'이라 말할 수 있다. 이것이 이세신궁의 재 시작이라 불리우는 것이다. 천무 천황에 의해 '황조신皇祖神'이 새롭게 만들어졌다. 황조와 천황의 일체성을 갖게 되었고, 천황의 권위가 높아졌다. '황조신'으로 아마테라스가 자리하면서 천황이 신격화되던 것이다.

천무 천황은 처음으로 '천황'의 자격으로 일본열도를 실효 지배했던 왕이었다. 왕 내지 대왕이라는 명칭을 버리고 택한 '천황'이라는 명칭은 단순히 존칭에 머물지 않는다.[195] 이는 '천황'과 '황조신'의 관계의 문제였다. '황손'으로서 '천황'은 신에 연결된 혈통이어야 했고, 천황은 신(황조신)의 자손으로 위치부여 받음으로써 그 실질을 획득하였다. 역으로 말하면, 혈통으로 연결된 황조신과 왕은 종래의 왕과는 존재방식이 다른 것이었다. 곧 '왕에서 천황으로'라는 변화는 단순히 호칭만의 변화가 아니었다. 천황은 황조신에 의해 근거 부여된 신이자손이 되었고, 그것은 새로운 왕의 존재방식이었다.

여기서 잠깐 왕(대왕)과 천황의 차이를 간략히 살펴보자. 야

을 모체로 한, 히루메로부터 최고위에 오른 여성신이다.
195) 천황이라는 칭호가 천무, 지통 조에 성립했던 것은 오늘날 교과서에도 실리고 통설이 되었다.

마토 왜의 왕권은 야마토 왜를 구성하고 있는 주요 호족의 맹주라는 위치를 부여받아 왔다. 그러면 왕은 어떤 과정으로 선정되었을까? 당시는 왕의 교체가 일정한 규칙rule에 따라 이루어지는 것은 아니었다. 때문에 왕이라는 존재는 그 선정부터가 불안정한 요소가 많았다. 왕통을 자신의 직계로 연결하고 싶기를 바라는 왕으로서는 불안한 면이 컸다. 여기서 생각할 수 있었던 것이 '황조皇祖-황손皇孫'의 관계였다. 천황직계에 의한 황위 계

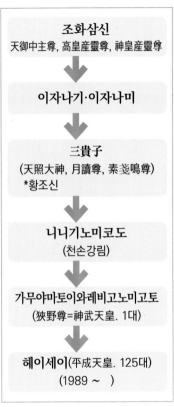

```
조화삼신
天御中主尊, 高皇産靈尊, 神皇産靈尊
        ↓
이자나기·이자나미
        ↓
三貴子
(天照大神, 月讀尊, 素戔鳴尊)
*황조신
        ↓
니니기노미코도
(천손강림)
        ↓
가무야마토이와레비고노미고토
(狹野尊=神武天皇. 1대)
        ↓
헤이세이(平成天皇. 125대)
(1989 ~   )
```

▪아마테라스오오가미天照大神와 천황간의 황조-황손의 관계

승의 '황통'은 이렇게 성립될 수 있었다. 천무 '천황'이 이를 주도했고, 이와 더불어 황조신 아마테라스가 옹립되었던 것이다. 그러므로 '천황과 황조, 황조신'은 세트set의 관계였다. 극단적으로 말한다면, '천황'이 탄생하지 않은 단계에서는 '황조신'이

있을 수 없었다.

당시 천황은 '스메라'(スメラ), 또는 '스메라미코토'로 불렸다.[196) 천황에 혈통상의 아이덴티티를 주는 것이 스메로기(スメロキ=皇祖), 스메가미(スメカミ=황조신)였다. 그 자손이 스메미마(スメミマ=皇孫)였으며 천황과 동의어였다.[197) '황조-황손'이라는 관계가 정립되었고, 황손으로서의 천황을 성립시키기 위해 황조와 황조신이 설정되었다. '천황'도 '황조신'도 오랜 옛날부터 있었던 것이 아니다. 모두 천무와 지통 천황 때에 세트로 안출案出된 개념장치인 것이다. 자자손손 직계에 의한 황위계승을 하고픈 천무와 지통 천황이 그 정통성을 획득하기 위해 내세운 획기적인 신기축新機軸이었다.

『일본서기』를 보면, 천무 천황은 681년 정월부터 3월에 걸쳐 신사 및 제사 그리고 율령 및 국사國史의 편찬에 관한 국가정책을 내놓았다.[198) 폐백幣帛은 신에게 바치는 것(=供物)이다.

196) 스메라는 '澄む'(맑다, 맑아지다)에 근거한 일본어로(西郷信綱, "스메라미코토考"), 맑은 청정함을 말하는 의미의 존귀성이 높은 경칭이다. 미코토는 신의 말(고토바)을 전하는 사람을 말하는 미코토모치(ミコトモチ)의 略으로, 귀인에의 존칭으로 사용된다. 스메라미코토는 무한 청정한 힘(力)이라는 의미가 있지만, 통상의 의미를 넘어서 경칭, 존칭의 덩어리에 神威를 더한 호칭이다. 스메라미코토라는 일본어는 천황이라는 한자어가 들어오기 전부터 독자적으로 있었다고 전해진다.

197) 스메미마의 스메는 존귀한 것에 붙이는 경칭. 미마는 御眞子(미마고)의 略이며, 존귀한 영혼이 들어가야만 하는 聖體를 의미한다. 스메로기에서 보면 천황은 스메미마. 皇祖가 있고 처음으로, 황손으로서의 천황이 근거부여되는 것이다.

198) 天武天皇十年(六八一)正月壬申《二》. 十年春正月辛未朔壬申頒幣帛於諸神祇。모

폐백을 바치는 행위를 일반적으로 봉폐奉幣라 한다. 조정에서 모든 나라(諸國)의 신사에 폐백을 나눠주는 것을 반폐班幣라고 한다. 이처럼 조정으로부터 유력사有力社로 인정받아 반폐班幣를 받는 신사가 곧 관사官社이다.

이 때부터 이세신궁을 정점으로 한 관사제가 개시되었다. 천황이 모시는 황조신 밑에 전국 관사의 신들이 위치 지워지게 된 것이다. 관사官社의 신들은 황조신皇祖神 아마테라스 뒤에 서열을 갖추어 정렬되었다. 이와 함께 이들은 황조皇祖를 높이 받들고 수호한다. 이에 따라 전국의 관사에 사전社殿을 조영하라는 호령號令이 내려졌던 것이다.

천무 천황이 관사官社 사전社殿의 조영을 명한 기사가 보인다. "기내畿內 및 제국諸國에 천사지사天社地社의 신神의 궁宮을 수리修理하라."[199] '천사지사天社地社의 신神의 궁宮'은 천신지기天神地祇, 곧 천신天神과 국신國神을 제사모시는 상설의 신사이다. '수리修理'는 오늘날 의미의 수리가 아니다. 고어古語에서 '수리'는 수선修繕의 의미만이 아닌 새롭게 만든다는 의미가 있다.

든 神祇에 폐백을 나누어 바쳤다. 己丑。詔畿內及諸國。修理天社。地社神宮。기내 및 諸國에 알려 천사지사의 신궁을 수리하게 하였다. 二月庚子朔甲子天皇。皇后共居于大極殿。以喚親王。諸王及諸臣。詔之曰。朕今更欲定律令。改法式。故俱修是事。천황과 황후가 대극전에 나가 친왕 및 여러 왕 및 제신을 불러 "짐은 이제부터 다시 율령을 정하여 법식을 정하려고 한다. 고로 같이 이 일을 수행하라."고 알렸다. 三月丙戌。天皇御于大極殿。…… 令記定帝妃及上古諸事。大嶋。子首親執筆以錄焉。천황이 대극전에 나가 …… 帝紀 및 상고의 여러 일을 기록하고 정하게 하였다.

199) 詔畿內及諸國。修理天社。地社神宮

'기내 및 제국諸國'의 제국은 야마토 중심을 벗어난 기외畿外의 지역들을 가리킨다.[200)

관사제官社制는 황조신 및 천황의 덕과 권위를 전국에 침투시킨 장치이다. 천황지배의 정통성에 실체를 부여했던 것이다. 대보령大寶令의 시행으로 전국에 확산된 기년제祈年祭(기넨사이)[201)는 관사제를 실효시키는데 효과적이었다. 원래 각 지역의 호족들이 시행했던 도작稲作 마쯔리에 조정이 개입한 것이다(義江彰夫, 『신불습합』). 야요이 시대 이후, 사람들 사이에 뿌리 깊었던 도령稲靈신앙이 기년제의 형태를 띠었다. 이 기년제가 관사제라는 전국적 통치시스템과 연결되었던 것이다. 천황을 정점으로 하는 통치시스템에 도령稲靈이 활용되면서 효과를 보이기 시작하였다. 『일본서기』 신대神代편에 "나의 고천원에 있는 제정齋庭의 벼이삭(穗)을 내 아이에게 맡겨라."[202)는 내용이 있다. 이 기록을 토대로, 아마테라스의 자손인 천황이 제국諸

---

200) 조정은 야마토를 중심으로 한 畿內세력에 의한 구성이다. 그러나 관사제가 도입되어 처음으로 신사들이 만들어진 것만은 아니다. 이세신궁 외에 石上(이소노가미) 신궁, 오오미와 신사, 이즈모 대사, 上賀茂 신사 등 유력한 古社는 이미 상설사전을 갖고 있었다. 그러나 신사건축이 諸國에 널리 확산되고 일반화되었던 것은 관사제의 보급에 따른 것이다(丸山茂, 『신사건축사론』).

201) 祈年祭 때는 전국에서 관사의 神職들이 조정에 소집되어-당초는 國造들이 소집되었다- 稲穗(벼이삭)을 필두로 한 공물(=班幣)이 나뉘어 분배되었다. 신직들은 이것을 諸國에 갖고 돌아가 관사에 받들어 모셨다.

202) 以吾高天原所御齋庭之穗亦當御於吾兒.(『일본서기』)

國의 관사官社에 '제정齋庭의 벼이삭(穗)'[203]를 반포頒布하게 된 유래이다. 바로 관사제와 연결되어 강화되었던 것이다.[204]

관사제를 바탕으로 황조신과 천황의 권위와 존엄이 증가되었다. 전국의 관사官社는 천황제도 아래서 명실공히 관리되었던 것이다. 이 관사 아래 있는 모든 지역의 신사들도 당연히 그 밑에 놓이게 되었다. 황조신을 제사하는 이세신궁을 정점으로 관사 이하, 전국의 신사가 모두 황조신을 따르고, 찬양하고, 지지하고, 지키는 형태로 조직되었던 것이다.

---

203) '齋庭의 穗(이삭)'를 전국에서 제사한다. 이것이 천황지배의 침투 모습이다.
204) 또 폐백의 내용은 뒤에 絹, 木棉, 麻 등 섬유제품을 시작으로, 刀 및 弓, 해산물, 酒, 塩 등이 되었다.

5. 성소문화의 친연성과 상생의 길

지금까지 긴 여정을 지나 왔다. 두려움 반 호기심 반으로 일본 고대의 성소(종교)문화에 관해 적어본 글로, 돌이켜 보면 아쉬움과 부끄러움이 남는 내용이기도 하다. 일본 문화 속에 남아있는 한민족의 흔적을 찾는 작업은 그리 만만한 일이 아니다. 어쩌면 왜 해야 되는지, 쓸모없이 분쟁만 초래할 수 있는 무모한 일이 아닌지 걱정도 된다.

그러나 고대사에 얽힌 한국과 일본의 문화적 관련성을 풀어내는 일이나, 아니면 오늘날 일본사회와 일본인을 이해하려면 필요한 작업이라는 생각도 든다. 일본 도처에 있는 신사를 보노라면, 신사가 없는 일본은 상상할 수조차 없기 때문이다. 뿐만 아니라 오늘날 대부분의 일본인들도 삶의 많은 부분을 신사와 관련하여 생활하고 있다.

단언하여 신사문화를 모르고 일본을 이야기할 수 없다. 따라서 신사문화의 뿌리를 살펴보는 일은 매우 흥미로운 작업이다. 이러한 신사문화가 일본열도에 정착된 것은 역사적으로 상고시대로 거슬러 올라가며, 그 뿌리는 아주 오래되었다. 더욱이 신사문화가 한민족의 성소문화와 매우 친근하다는 사실은 더욱 더 우리의 흥미를 끈다. 어쩌면 우리 옛 성소문화의 실상을 확인할 수도 있는 길도 열리는 것이다.

지금까지 한민족의 소도제천을 시작으로 일본의 신사문화를 살펴보았다. 달리 말하면 한·일의 성소문화를 비교, 고찰한 것이다. 그리고 마지막에는 고대 일본의 신사문화를 이세신궁의 창사와 제신祭神 및 심어주心御柱를 통해 이세신궁에 감추어진 내막까지 구체적으로 확인해 보았다.

문화는 인간이 모여서 공동생활을 하면서 공동경험을 갖게 되고 공동신념이나 유사한 생활습관 등이 그 집단 나름대로 일정한 틀로 유형화되어진 것을 말한다. 성소문화도 마찬가지다. 성소문화는 인류가 공동체 생활을 영위하면서 어디가 신성한 곳이며 어디에서 어떤 신을 믿고 누구에게 하소연하고 기원할 것인가를 알려준다.

고대 한국과 일본의 성소문화인 소도문화와 일본의 신사문화는 여러 가지 면에서 친연성을 보여준다. 단재 신채호의 '수두' 곧 소도의 원형은 태백산(=백두산)의 수림이었고, 그 곳의 큰 나무와 신단을 중심으로 주위에 금줄을 매고 하늘에 제사를 올렸다.

그런데 한반도에서 일본열도로 건너가는 중간인 쓰시마對馬島의 천도신앙天道信仰도 높은 산록의 울창한 밀림지대거나 나지막한 높지 않은 언덕의 숲을 대상으로 성소지역을 형성하고 있었다. 이 모습은 소도의 모습과 동일하다 하여도 과언이 아니다. 그 명칭도 '솟도'였다. 또 일본열도의 백산白山이나 이세伊勢와 이즈모出雲, 일본 고대로부터 신앙의 땅이라 생각되어온 이 지역들도 전형적인 성소였다. 뿐만 아니라 이들 지역은 한반도로부터 일본열도에 도래해 온 성소신앙이 남아있는 땅들이다.

이런 성소신앙이 일본열도의 신사문화에서 전개된 것이다. 소도문화는 성소聖所에 대한 신앙, 천제天帝을 모시는 신앙, 신단수인 성목聖木신앙, 신단수 아래에서의 제천의례 등으로 나타난다. 소도는 천제를 올리는 제단 곧 신단을 중심으로 한 성소였고, 소도의 원형은 태백산의 수림(숲)이었고, 이러한 소도 주위에는 금줄이 매어져 있었다. 또 소도에는 신단수인 큰 나무가 있었고 여기에 방울과 북을 걸어놓고 신을 섬겼다. 소도 제천할 때에는 신단수 주변에서 가무새신이 이루어진다. 그리고 소도에서 제사를 주관하는 자(제사장)가 천군이었다. 제정일치 시대에는 오직 천자만이 하늘에 제사지낼 수 있었으며, 단군은 제사장이었다.

일본의 대표적인 성소인 신사도 이와 유사한 모습을 보여주었다. 신사에는 처음부터 본전이나 신전이 있었던 것이 아니라 성소인 숲 혹은 산(神體山)이 있었을 뿐이고, 지고신은 히모로기와 심어주에 빙의해 인간세상으로 내려와 마쯔리를 열고 있었다. 지고신은 높은 하늘나라(高天原)에서 내려왔다. 높은 하늘나라는 저 높디높은 푸른 하늘이라기 보다는 한반도를 지칭했다. 옛 신사들에서는 한반도에서 건너온 신(天神)들을 모셨고, 이 신들을 맞아 축제를 열었던 것이다.

소도에 모신 천상의 지고신은 삼신三神이었다. 『태백일사』에는 "삼신즉일상제三神則一上帝"라 했다. 삼신은 일신一神이고, 또 천일신天一神 지일신地一神 태일신太一神이다. 삼신과 하나 된 '하늘 소도' '땅 소도' '인간 소도'이다. 태일은 '인간 소도'의 모습인 것이다. 그런데 일본 신사문화의 중심인 이세신궁의 마쯔리에서도 소도제천 때에 모셨던 지고신인 태일신을 모시는 광경을 엿볼 수 있다. 일본열도에서 신사문화가 형성될 때, 초기의 흔적이 남아있는 것이다.

그러나 오늘날 보여지는 신사의 모습들은 대개 후대의 작품들이다. 일본 신사의 총 진수격인 이세신궁의 창사 유래와 그 특징들을 살펴보면 이러한 특징을 더욱 선명하게 알 수 있다. 더욱이 이세신궁에서 최초로 받들었던 최고신도 오늘날처럼 아마테라스가 아닌 한반도와 관계있는 타카미무스비高皇産靈尊이었음을 알 수 있었다. 다만 일본열도의 정치적 지배의 필요에 의해 후에 아마테라스로 최고신의 교체가 이루어졌을 뿐이다. 어쩌면 일본 고대사에서 저질러진 중대한 성소문화의 왜곡이었다.

물론 이러한 신도문화는 후대 메이지 시대에 들어서면서 국가신도라는 탈을 쓰고 국수적國粹的인 이데올로기로 무장되어 일본 근대화를 부르짖을 때 일본의 아이덴티티로 부각되기도 했다. 더욱이 '신의 나라(神國)'라는 말로 심심찮게 대두되어 주변국을 위협하는 이데올로기로 이용되기도 했지만 말이다.

일본에서는 정치를 마쯔리고토祭事라 부른다. 정치를 신을 받들어 모시는 일이라고 본 것이다. 왕위계승이 이루어지는 대상제大嘗祭에서도 삼종三種의 신기神器가 전해진다. 칼과 곡옥曲玉 그리고 거울(銅鏡). 삼종의 신기는 고대 군장이자 소도제

■대상제에서 삼종의 신기가 전해지는 모습

천의 주장자 천군의 징표였을 것이다. 곡옥과 거울이 동북방의 고대문명에서 흔히 찾아볼 수 있는 것으로 조화造化와 교화敎化를 의미하는 종교성을 상징한다면, 칼은 치화治化의 의미이다. 그런데 태고문명에는 무기가 나오는 경우가 드물다. 아마도 칼은 일본열도에 한반도에서 기마민족이 도래한 후기 문명이 들어간 흔적을 말하는 것으로 보인다. 삼족오三足烏나 거울, 곡옥, 칼 역시 도래문화의 흔적을 보여주는 것들이다. 일본 왕의 복식에도 삼족오 등이 수놓아져 있다. 삼족오가 고구려 문양임은 주지의 사실이다.

2013년 8월 6일, 히로시마 피폭 68주년을 맞아 일본은 경항공모함 이즈모出雲호 진수식을 거행했다. 중국 상하이를 포격했던 전투함 이름을 딴 항모이다. 나머지 항공모함의 이름도 떠올려봄 직하다. 3대 중 나머지 2대가 휴가日向와 이세伊勢다. 휴가와 이세 그리고 이즈모. 2차 대전 때에 침몰했던 함대명의 부활이기도 하지만, 일본 열도내에서 이 지역들은 모두 일본 정신문화의 중심지이자 일본열도 신화의 중심지이다. 성소이자 제국주의 문화가 만들어진 터전이기도 하다. 휴가는 일본 천황가의 천손강림 신화의 고향이고, 이세에는 일본 정신문화의 중심인 이세신궁이 자리하고 있고, 이즈모는 신들의 고향으로 이즈모 대사가 세워져 있는 곳이다.

아직도 동북아 해협엔 여전히 전운이 감돈다. 고대 동북아 성소문화에서 보여졌던 평화로운 모습이 보이지 않는다. 한 때 세계 중심국이었던 스러진 패권을 회복하려는 중국과 군국주의의 영광을 재현하려는 일본이 팽팽한 대치선을 긋고 있는 형국이다. 일본에서는 근대 들어 한때 대륙을 유린하며 헛된 욕망을 품었던 욱일기旭日旗에 대한 향수도 꿈틀거린다. 패권 부활을 '역사 정상화'로 믿는 일본이다. 그런 만큼 민족원류에 관한 한 그들은 한국과 관련된 모든 것을 부인한다.

한 치의 인정도 양보도 없다. 집요하게 광적으로. 요즘 분분한 역사적 사실도 일본은 애써 묵살해 버린다. 한낱 속설로 내버려 두고 있는 것이다. 새삼스럽지도 않고 사실 지겨운 이야기지만, 과거 일본의 역사학은 황국사관을 공고히 하기 위해 역사에 무수히 땜질을 했고 또 한국강점을 정당화하기 위하여 수단과 방법을 가리지 않았던 것도 모두 아는 일이다. 작고한 소설가 박경리는 '진실의 상자 못 여는 일본'이라 표현했다. 상자를 열기가 두려운 것이다. "다시 태어나는 것이야말로 영원한 질서이며 진실"이라는 진리를 애써 외면해 왔다.[205]

일본은 한 때 동북아 권역에서 맨 가장자리에 내쳐져 있었다. 때문에 문명과 문화에 대한 일본의 고립감은 남달랐다. 그래서인가. 일본의 고독 달래기는 '역사의 재창조'에서 시작했다. 이는 역사의 왜곡이었다. 아마테라스 신화와 일왕을 연결

----

205) 박경리, 『일본산고』, 마로니에북스, 2013, 78쪽.

하는 만세일계萬世一系의 족보를 만들었고 천황제 깃발을 내걸었다. 19세기 말에는 대등외교를 명분으로 내세우며, 야욕을 드러내어 조선에 9대의 군함을 급파했다. 결국은 조선을 강점했고, 자신을 내지內地로 불렀고 조선을 반도로 격하했다.

도도한 역사의 물줄기를 일시에 뒤집으려 했다. 단지 한 순간의 힘(군사력)만 믿고 내선일체內鮮一體, 일선동조日鮮同祖로 한민족을 2등 신민으로 복속시켰다. 그 대신 안일에 머물렀던 한민족의 운명은 참담했다. 한국으로선 주변 강대국들의 등쌀에 긁힌 근대의 상처가 한순간에 곪아 터져버린 것이다. 민족주의는 제국들에게는 영광의 길이었고 약소국들에는 식민통치를 벗기 위한 눈물겨운 몸부림이었다. 일본은 자신들의 역사 2000년 동안의 고립을 일거에 만회하려는 역천逆天을 했던 것이다.

지금도 최대의 가해자인 일본은 반성이 없다. 그들은 오히려 적반하장이었다. 역사의 중심국이 못한 좌절감과 원폭 피해의식에 시달릴 뿐이다. 그 좌절감과 피해의식의 그늘에서 일본은 자신들이 삶과 역사와 혼을 짓밟아버린 한국은 보지 못한다. 박해받은 나라는 오히려 안다. 상처가 왜 아물지 않는지.

그러나 일본 역사의 국수주의國粹主義는 오히려 자신 민족의 멸망을 초래할 가공의 무기라는 사실을 알아야 한다. "찬란한 고구려 문화를 바라보며 고통으로 일그러지는 마음을 가눌 길 없다. 그토록 찬란한 문화를 창조하고 장장 7세기에 걸쳐 정권을 유지하였으면서도 망각 속에 잊혀진 고구려! 더욱이 많은 사람들이 고구려 역사를 조선의 역사로 잘못 알고 있으니 안타까움을 금할 길이 없다. 고구려 사람을 대신하여 불평지명不平之鳴을 운다." 언뜻 보면 한민족의 고대사를 무척이나 사랑하는 사람의 글인 듯하다. 그러나 '고구려 역사를 조선의 역사로 잘못 알고 있으니'라는 대목에선 고개가 갸우뚱해진다. 그렇다. 식민주의 사학자의 대표자였던 이마니시 류今西龍의 말이다.

정작 울어야할 사람들은 누구인가? 울지도 못하고 있으니 말이다. 아직도 청산하지 못하고 바로잡지도 못해 매번 논쟁만 거듭하고 있을 뿐이다. 부끄러운 일이다. 역사적 고통을 깊이 공감하지 못하는 나라, 잘못된 과거를 인정하지 못하는 나라는 결코 중심이 될 수 없고 새로운 상생의 길로 나갈 수 없다.

Chapter II

광명문화와 백산신앙

1. 산악신앙과 백산白山

일본에는 예로부터 산을 신성시한 산악신앙이 있었다. 그 중 대표적인 것이 백산신앙白山信仰이다. 『민간신앙사전民間信仰辭典』[1]에는 '백산신앙'의 항목 앞 부분에 이렇게 설명하고 있다.

"이시가와현石川縣과 기후현岐阜縣에 걸쳐 진좌鎭座한 시라야마히메白山比咩 신사에 대한 산악신앙. 가가加賀 백산白山은 후지산富士山과 함께 만년설을 가진 수려한 산악이며, 백산이라는 명칭도 거기에서 생겨났다고 생각된다. 산신山神은 주신主神에 구쿠리히메菊理媛 신이라는 여신女神이 설정되어 있다."

백산은 일본열도의 북서쪽 호쿠리쿠北陸지역에 있었던 가가加賀, 무사시武蔵(현재의 간토關東지방), 미노美濃(현재의 岐阜県), 에치젠越前(현재의 후쿠이현福井縣)에 걸쳐 있는 높은 산이다.[2] 이러

---

1) 桜井徳太郎,『民間信仰辭典』,東京堂出版, 1980, '白山信仰'.
2) 백산은 成層火山으로 30만년에서 40만년 전부터 화산활동을 시작하여 1659년의 분화가 가장 최근의 일이다. 백산의 최고봉인 御前峰은 표고 2,702m이며, 劍ヶ峰(2,677m), 大汝峰(2,684m)을 합쳐 '白山三峰'이라 하고, 이를 중심으로 주변의 산봉우리를 모두 합쳐 백산이라 부른다. 또 別山과 三ノ峰를 합쳐 '백산 5봉' 또는 '白山連峰'이라 한다. 北陸지방에서 가장 높은 산이다.

한 백산에 관한 산악신앙은 고대부터 산 그 자체를 신체神体로 한 원시적인 신앙이었고, 또 백산은 이를 물줄기(水源)로 하는 구즈류천九頭竜川, 테도리천手取川, 나가라천長良川 유역을 중심으로 수신水神과 농업신農業神으로 숭배되고 있었다.

나라奈良 시대에는 수험도修験道(슈겐도)[3]의 수행자들이 백산 신앙과 연결하여 산악을 영험스러운 산(霊山)으로 받들어 신앙 하면서 일본 각지에서 산문을 여는(開山) 일이 많았다. 이른바 백산신앙이 수험도에서 체계화된 것이었다. 일본 전체를 합해

＝일본의 노도반도와 하쿠산

---

3) 수험도는 일본 각지의 霊山을 수행의 터전으로 삼아 심산유곡에 들어가 엄격한 수행을 하여 깨달음을 얻는 산악신앙이다. 수행으로 초자연적인 능력 '験力'을 얻어 중생구제를 지향하는 실천적인 종교이다. 보통 수행의 場으로서는 일본 고래의 산악신앙의 대상이었던 白山(石川県)이나 大峰山(奈良県) 등 소위 '霊山'이라 불려진 산들이다. 修験道의 수행자를 山伏, 修験者, 験者라고 한다. 그 대다수는 머리를 자르지 않고 半僧半俗의 모습에 兜巾을 쓰고 가사를 걸치고 등짐을 짊어지고 염주 등을 가지고 지팡이를 짚으며 山野를 순회한다.

서 약 2,700개소에 달하는 백산이 있는데, 그 가운데 후쿠이현福井縣의 백산과 곰을 제사하는 후쿠야마현福山縣의 다테야마立山 등이 유명하고 이시가와현石川縣의 백산이 백산신앙의 원류였다.[4]

그런데 이러한 백산신앙의 연원을 추적해 보면 그 중요한 열쇠의 하나를 고대 조선이 쥐고 있다는 사실을 발견하게 된다. 바로 백두산을 중심으로 한 광명신앙이다. 백산신앙이 한반도로부터 전래된 광명신앙임을 확인할 수 있는 것이다. 그러나 이를 직접적으로 다룬 연구들은 찾아보기 쉽지 않다. 최남선은 불함문화론[5]을 주장하면서 고대 조선의 광명문화와 일본열도에 산재한 백산신앙 간의 연관성을 지적한 바 있다. 미즈타니 게이이치水谷慶一,[6] 키쿠찌 산사이菊池山哉,[7] 혼고우 마사츠구本鄕眞紹,[8] 마에다 겐지前田憲二[9] 등은 이러한 백산신앙의 원류를 고대 조선, 특히 백두산 신앙에서 찾아보려고 한 일본 연구자들이다.

그러나 한국사회에서는 지금까지 백산에 대한 선행연구들

4) 장기웅, 「단군전승의 비교신화학적 연구」, 조선대 대학원 박사논문, 2002, 109쪽.
5) 崔南善, 「不咸文化論」, 『崔南善全集』 2, 현암사, 1973.
6) 水谷慶一, 『知られざる古代―謎の北緯34度32分をゆく』, 日本放送出版協会, 1980.
7) 菊池山哉, 『白の民俗學 白山信仰の謎を追って』, 河出書房新社, 2006.
8) 本鄕眞紹, 『白山信仰の源流』, 法藏館, 2001.
9) 前田憲二 外, 『渡來の原鄕 白山·巫女·秦氏の謎を追って』, 現代書館, 2010.

은 몇 편 보이기도 하나[10] 한반도와의 연결성을 다루었다기 보다는 일본의 백산에 대한 글들이 많았다. 또한 백산이나 고대 한반도의 종교문화를 다루는 글에서 부분적으로 백산신앙이 한반도와 연결되어 있다는 지적을 하는 경우가 종종 있다.

나가노 하타요시中野幡能는 '한국에 삼산三山신앙이 있듯이 일본의 수험영산修驗靈山에도 삼산신앙이 있으며, 수험도의 산에는 백산신앙이 있고, 이 백산신앙은 일본 고래의 것이 아니다'라고 하였다.[11] 또 오오와 이와오大和岩雄는 '백두산=태백산 신앙은 백두산 주변의 백산부에서 자라난 다음 동해를 건너 일본으로 이동한 것이 아닌가' 추정하였고,[12] 이를 받아들여 장기웅은 이러한 "백산신앙의 원류에 말갈의 7부족 중 '백산부'라는 지족이 얽혀있다"[13]고 하였다. 조법종도 고대 한국의 백두산 신앙을 다루면서, 글속에서 이것이 일본으로 전해져 백산신앙이 되었다고 지적한 바 있다.[14]

여기서는 이러한 일본열도에 전개된 백산신앙을 살펴보면서 그 원류의 바탕을 이룬 고대 조선의 광명문화를 살펴보고

10) 김현욱, 「하쿠산 신앙과 能의 발생」, 『일본문화학보』 49집, 2008 ; 우정미, 「일본의 명산과 여신-하쿠산을 중심으로-」, 『일본근대학 연구』 41집, 2007.

11) 中野幡能, 『英彦山と九州の修驗道』(山岳宗教史研究叢書), 名著出版, 1977.

12) 大和岩雄, 『日本にあった朝鮮王國』, 白水社, 1996, 136쪽.

13) 장기웅, 「단군전승의 비교신화학적 고찰」, 『인문학연구』 25집, 2001, 62쪽.

14) 조법종, 「한국 고중세 백두산신앙과 만주명칭의 기원」, 『한국사연구』 147, 2009.

자 한다. 또 이를 백산신앙과 연결지어 분석하면서 백산신앙의 제신祭神들도 살펴보고 고대 조선과의 연결성을 추적해 보고자 한다.

2. 고대 조선의 광명문화와 백산

광명光明문화는 '밝음'에 대한 문화이고, 이는 육당 최남선이 '밝park·白' 사상으로 설명한 원시신앙의 한 형태이다. 최남선은 동방문화의 원류로 '밝' 사상에 주목하여, '밝'의 가장 오랜 문자형을 '불함不咸'이라 하였다.[15] 그래서 이 '밝'을 숭상하던 모든 문화권을 불함문화권이라 규정하고, 특히 조선이 불함문화의 중심이라 밝혔다. 그 증거로 한반도에는 태백산太白山·소백산小白山 등 전국 각지에 '백白' 자가 들어간 '밝'산과 지명地名이 유달리 많다는 것을 들고 있다. 북쪽에 백두산白頭山을 위시하여 장백長白, 조백祖白, 백白, 기백旗白, 부백浮白, 혹은 백운白雲, 백월白月, 백암白岩, 백마白馬, 백화白華 등과 같은 명칭의 산을 도처에서 볼 수 있으며, 이러한 산명에 있는 '백白' 자字의 어형語形이 실로 그 시대 문화의 중심 내용을 나타내주는 귀중한 증빙자료로 보았던 것이다.

최남선은 이를 토대로 한반도 주변지역까지 조사하여 한국과 일본을 포함하여 서西로는 흑해黑海에 이르는 광대한 지역을 모두 불함문화권에 속한다고 주장하였다. 그에 의하면, '백'은 'Park'의 대자對字로서 신·하늘·해를 뜻하는 고어이다.

---

15) 최남선, 정재승·이주현 역주, 『불함문화론』, 우리역사연구재단, 2008.

곧 태양신 숭배문화, 광명문화를 반영하는 것이다. 해는 「밝」음이며[16] 햇빛을 흰색으로 보았기 때문에, '희다'는 15세기 표기로는 '히다'로 어근 '히'는 태양을 의미하였다. 중국 고대인들도 빛의 색을 '희다'로 보아 해의 상형글자 '태양(해. 日)' 위에 빛을 가리키는 한 획을 그려 넣어 '백白'이라 하였다.[17] 조선에서 고대에 태양숭배 신앙이 '밝다'라는 말로 나타났으며 이것이 '백'이라는 문자로 나타났고, 따라서 여기에는 종교적 의미가 함축되어 있다고 보았다.[18]

태양과 흰색 숭배는 고대사회의 제례의식에서도 나타난다.

"무릇 하늘에 제사를 지내려면 반드시 먼저 상서로운 날을 택하고, 흰 소(白牛)를 선택하여 이를 보호하여 기르다가, 날이 되면 잡아서 그 머리를 명산대천에 제물로 올렸다. '백두白頭'는 소의 머리(牛首)를 말하는 것으로 여기에서 말미암은 것이다. 대저 하늘에 제사를 지내어 근본

---

16) 김상일, 「불함문화론 재고-여성신학적 입장에서」, 『현대와 신학』 12권, 1989.
17) 안현정, 「한국미술에 나타난 전통색채연구」, 홍익대학교 대학원 석사학위 논문, 2004, 18쪽.
18) 최남선은 白鳥庫吉의 음운론을 사용하여 '백'과 '불함문화'를 설명하고 있다 (白鳥庫吉, 「日本の古語と朝鮮語との比較」, 『白鳥庫吉全集』 第2卷, 岩波書店, 1969-1971, 149~252쪽; 崔南善, 「朝鮮과 世界의 共通語」, 『崔南善全集』 9, 현암사, 1973, 316쪽; 전성곤, 「최남선의 「불함문화론」 다시 읽기」, 『역사문제연구』 17집, 2006, 75쪽).

에 보답하는 의식은 단군으로부터 비롯되었다."[19]

이러한 흰 동물숭배는 흰 소 뿐만 아니라 백마, 백록, 백호 등을 숭배하는 데에서도 보여진다.

또 한민족은 흰색을 유난히 선호하였다. 흰색은 백색白色이고 무색無色으로 한국인의 색체의식 내면 깊숙이 자리하고 있는 것이다. 이런 면에서 한민족을 '백의민족'이라 하는 것도 예사로운 뜻이 아니다.[20] 이는 대해 최남선은 이렇게 설명하였다.

"대개 조선민족은 옛날에 태양을 하느님으로 알고 자기 네들은 이 하느님의 자손이라고 믿었는데 태양의 광명을 표시하는 의미로 흰빛을 신성하게 알아서 흰옷을 자랑삼 아 입다가 나중에는 온 민족의 풍속을 이루고 만 것입니다."[21]

----

19) "凡祭天, 必先定吉日, 擇白牛而護養之, 及期, 宰殺以頭薦之於嶽瀆. 白頭, 牛首之名, 頗亦有因於此也. 盖祭天報本之禮, 始於檀君."(『규원사화』)

20) 한민족이 흰옷(白衣)을 입는 관습은 여러 자료에서 찾아볼 수 있다. 예를 들어, 『삼국지』 '위지 동이전 부여조'에는 "의복은 흰색을 숭상하여, 흰배로 만든 큰 소매 달린 도포와 바지를 입고 가죽신을 신는다(在國衣尙白, 白衣大袂, 袍·袴, 履革)"고 하였고, 柳宗悅(1889-1961)는 한민족의 흰색 옷은 조선민족이 겪은 고통이 한으로 맺혀진 옷이라 표현하기도 했다(「朝鮮の美術」, 『新潮』1922. 1月號).

21) 최남선, 『조선상식문답』, 동명사, 1946, '백의 유래'. '밝'사상과 흰옷 숭배를 연결하고 있다. '조선 뿐 아니라 세계 어디서나 태양을 숭배하는 민족은 모두 흰빛을 신성하게 알고 또 흰옷 입기를 좋아한다.'

곧 흰색을 신성시하는 풍속이 태양을 숭상하는 광명사상에서 비롯되었다고 본 것이다. 이처럼 흰색을 선호하여 '백의민족'이라 불린 한민족이 또 달리 '배달倍達(=박달朴達) 겨레'라 함도 밝고 맑은 광명문화를 지닌 신성한 하늘의 후손임을 의미하는 것이다.

이러한 '밝' 문화, 광명문화는 신산神山을 가지고 있는 것이 특징이다.[22] 단군설화에 등장하는 태백산太白山이나 백두산 등의 백산白山(=박달朴達)은 하늘 기를 받은 신산神山·성산聖山을 뜻한다.

앞서 보았듯이, 최남선이 제시한 '밝'은 '불함不咸'이었고, '불함'은 곧 단군설화에서 환웅이 천부인天符印을 가지고 강림한 불함산이었다.[23] 따라서 불함산은 영악靈岳으로 그 지방 사람의 경외敬畏를 받는 신산神山 혹은 천산天山의 의미를 지니며 고대 광명문화의 신성성이 비롯되는 곳이다. 백두산白頭山은 '밝대가리뫼'[24]이며 '밝산'이고 백산白山이다. 동이족東夷族의 지명에 많이 보이는 백산은 태양신을 제사지내는 장소의 의미이며, 그중 태백산은 가장 중심된 곳이다.

정약용은 『아방강역고我邦疆域考』에서 "백산은 동북지역 모든

---

22) '밝' 문화는 神山·神邑을 가지고 있는 것이 특질이다(崔南善, 『不咸文化論』, P.13).
23) "雄率徒三千, 降於太伯山頂(卽太伯今妙香山)神壇樹下, 謂之神市."(『삼국유사』)
24) 김상일, 앞 논문, 1989.

산의 조종祖宗이다" 라고 하고 "백산은 무릇 여덟 개의 이름이 있으니 불함不咸, 개마蓋馬, 사태徒太, 백산白山, 태백太白, 장백長白, 백두白頭, 가이민상견歌爾民商堅[25]이다" 라고 하였다.[26] 이러한 백두산은 고구려 사회에서도 중심 산으로 자리 잡았고 고구려의 산악숭배 신앙과 연결되었다.[27] 고구려 건국 과정을 보면, 동명왕의 모친 유화柳花가 백두산의 다른 표현인 태백산 남쪽 우발수優渤水에서 금와金蛙를 만났으며, 동명신화에 나오는 마다산馬多山도 백두산 지역으로 추정되고 있다.[28]

또한 부여, 고구려 사회에도 산천에 대한 제사와 기도행위를 진행하여 후사後嗣를 구하는 사례들이 나타나고 있다. 부여의 해부루는 후사를 얻기 위해 산천에 기도하였고, 고구려의 산상왕은 산천에 제사지냈으며 하늘(天)을 통해 현몽해 후사를 얻은 일이 있었다. 산천에 기도하여 하늘과 소통되는 모습

---

25) 여진족이 백두산을 부르는 명칭이다.

26) "白山者 東北諸山之祖也. ..... 白山凡有八名 曰不咸 曰蓋馬 曰徒太 曰白山 曰太白 曰長白 曰白頭 曰歌爾民商堅."(정약용, 『我邦疆域考』其三 '白山譜').

27) 조법종, 「한국 고중세 백두산신앙과 만주명칭의 기원」, 『한국사연구』 147, 2009, 124, 126쪽. 한민족에게 백두산은 상징적 존재로서 자리매김하였으며 '백두산' 명칭이 처음으로 사료에 나타나는 것은 종래 고려시대 기록이다(송용덕, 「고려-조선전기의 백두산 인식」, 『역사와 현실』 64, 2007). 『滿洲源流考』 권14 '山川 1 長白山' 조에는 "『山海經』에서는 不咸이라 하였고, 『晉書』에서는 不咸山이라고 하였고, 『魏書』에서는 徒太山이라 하였고, 『北史』에서는 從太山(도태산의 오기인 듯함)이라 하였고, 『新唐書』에서는 太白山이라 하였고, 『元一統志』에서는 長白山이라 하였으며, 『明一統志』에서 長白山이라고 하였다" 라고 기록하였다.

28) 『삼국사기』 '동명성왕조', 『삼국유사』 '동부여조·고구려조', 李奎報의 『東明王篇』.

으로, 백두산은 외경의 대상이었던 것이다. 이처럼 백두산은 단순히 지리적 개념으로 인식된 것이 아니라 신성한 산으로서 신앙대상으로 존재하였던 것이다.[29]

이같은 상황은 백두악과 태백선인의 연결에서 더욱 구체화된다. 즉 "백두악태백선인白頭嶽太白仙人"[30]이란 표현에서 『삼국유사』의 단군관련 기록에 나타난 태백산太伯山이 연결되고 있기 때문이다. 고려시대에는 "호국백두악護國白頭嶽의 태백선인太白仙人은 큰 지혜와 큰 덕을 지니고 주신을 도와 큰 세상을 만드니 곧 환웅천왕을 일컫는 것이다"[31]라 하였다.

또 신채호는 백두산을 광명신의 서숙소로 보고 있었다.

"태백산의 수림을 광명신의 서숙소棲宿所로 믿어, 그 뒤에 인구가 번식하여 각지에 분포하면서, 각기 거주지 부근에 수림樹林을 길러 태백산의 것을 모상模像하고 그 수림을 이름하여 '수두'라 하니 '수두'는 신단神壇이란 뜻이다.

---

29) 이같은 백두산 인식은 고구려-통일신라-고려로 계승되어 한국 고대 백두산 산악숭배신앙이 강하게 존재하였으며 이 신앙이 불교와 연결되기도 했고 풍수신앙체계로 정립되는 등 다양한 신앙체계로 유지 계승되었음을 알 수 있다. 이러한 내용은 결국 백두산으로 상징되는 종교 신앙의 연원이 우리민족의 뿌리에 자리잡아 산악신앙의 본류로서 유지되었고 그 역사 문화적 영유의 근거로서 작용하고 있음을 보여준다.

30) 『규원사화』; 『고려사』 '묘청'.

31) "護國白頭嶽太白仙人 有大慧大德 助主神 助大界 卽桓雄天王之謂也."(『규원사화』).

매년 5월과 10월에 '수두'에 나아가 제祭를 올릴 때 1인을 뽑아 제주祭主를 삼아 수두의 중앙에 앉히어 '하느님' '천신'이라 이름하고 여러 사람들이 제를 올리고 수두의 주위에는 금줄을 매어 한인閑人의 출입을 금한다."[32]

곧 단재는 태백산(=백두산)의 수림에는 광명신이 머물러 있다고 보았다. 그러다 인구가 증가하고 거주지가 확장되면서 여러 지역으로 뻗어나간 사람들이 태백산의 수림을 본 따 숲과 신단, 곧 '수두'를 만들고 그 주위에 금줄을 매고 하늘에 제사를 올렸다고 보고 있었다.

특히 최근 종래 고구려의 산성유적으로 파악되던 길림성 무송현撫松縣 만양진万良鎭 부근 대방정자大方頂子 산성유적이 백두산에 대한 제사유적으로 추정되었다. 그렇다면 고구려 시기 백두산에 대한 산악숭배, 곧 백두산 관련 종교제사 유적으로 파악될 가능성이 크다.[33] 이러한 광명사상의 연장선상에서 신산神山 분포 범위에 중요한 상관관계를 가지는 것이 일본이었다. 곧 광명신의 서숙소인 백두산에 대한 고구려의 신앙적 흔적이 일본에서 확인되는 백산신앙과도 연결되어 있는 것이다.[34]

---

32) 신채호, 이만열 역, 『조선상고사』, 형설출판사, 2003, 115쪽.
33) 조법종, 앞 논문, 2009, 128쪽
34) 최남선은 "朝鮮人이건 日本人이건 자기들의 문화 及 歷史의 動機 本質을 고찰

3. 일본열도의 백산신앙

한반도로부터 일본열도에 전해진 백산신앙은 지금도 그 흔적이 많이 남아있다. 특히 호쿠리쿠北陸의 가가加賀, 무사시武藏, 미노美濃, 에치젠越前 등에는 산을 신앙의 대상으로 하는 원시 산악신앙이 널리 분포되어 있다. 구체적으로 말한다면, 호쿠리쿠에 위치한 백산白山이 그 중심에 자리잡고 있다.

백산은 예로부터 신성한 산으로 여겨져 왔으며 이로부터 백산신앙이 형성되어 온 것이다.[35] 백산은 후지산富士山[36], 다테야마立山[37]와 더불어 일본의 3대 명산 중의 하나이다. 미즈타니 게이이치水谷慶一는 '백두산과 백산신앙에 대해서'라는 글에서 다음과 같은 내용으로 백산에 대해 말하고 있다.

할 경우에 무턱대고 中國本位로 模索함을 止揚하고 自己本來의 面目을 自主的으로 관찰해야 할 것이며 一步를 내켜서 中國文化의 成立에 대한 자기들의 共同動作의 자취를 찾아서 東方文化의 올바른 由來를 究明하는 것이 今後 노력해야 할 방향"(崔南善, 「不咸文化論」, 61쪽)이라고 주장하였다. 이를 위한 중요한 개념으로 등장한 것이 '밝'이라는 언어였고, 그것을 통해 일본과 조선의 관계성의 깊음이 증명된다는 것을 예시한 것이다.

35) 菊池山哉, 앞의 책, 2006 참조.
36) 山梨県과 静岡県에 걸쳐 있는 3,776m의 일본 最高峰이다.
37) 富山県에 위치해 있으며, 雄山(3,003m) 大汝山(3,015m), 富士ノ折立(2,999m)의 세 개의 봉우리로 되어 있다. 雄山의 山頂에는 雄山神社本宮이 있다. 역시 일본 산악신앙의 산이다. 雄山大神은 매(鷹)이자 곰(熊)으로 나타나 곰 신앙과의 관련성을 엿볼 수 있게 해준다.

'백산은 단순히 「색이 하얀 산」이 아니다. 그것이 의미하는 것은 「햇빛이 비추어 빛나는 산」이다. 그 성스러운 태양신앙의 산을 매일 바라본 그 일족이 동쪽을 향해 동해를 건너왔을 때, 수평선 저쪽에 최초에 보았던 것이 일본열도 가가加賀의 백산白山이 아니었을까. 백산은 한국어의 발음으로 생각해 볼 때 벳산別山[38]도 여기에서 나왔던 것이 아닌가.'

여기서 '그 일족'은 백두산을 주봉으로 한 함흥, 간도, 두만강 유역의 광대한 지역에 살았던 거주민으로 보인다. 그들은 고구려 족과 같은 예·맥계의 일족이며, 7세기 말 고구려가 멸망한 후에는 발해국의 일족이 되었다.[39] 이처럼 백산신앙은 한반도와의 연결이 중요하다. 또 그래야만 의문이 풀린다.

일본에서 백산신앙을 백두산(태백산)과 나란히 논한 것은 앞서 언급한 미즈타니 게이이치水谷慶一 (연출)감독이 1975년 10월 NHK 특집으로 다루며 백두산 천지天池를 오르면서 부터였다. 그는 야마토大和의 미와산三輪山 근처에 있는 하시하카箸墓 고분을 통한 동서東西의 선상線上에 고대유적이 집중된 의문을 추적하면서, 고대 조선의 태양 신앙과의 관련성을 주목했

---

38) 백산국립공원 내 両白山地에 있는 2,399m의 산으로 정상 서쪽에는 別山神社가 있다.

39) 前田憲二 外, 앞의 책, 2010, 12-13쪽.

다.[40] 이 과정에서 백산신앙의 여러 의문을 푸는 중요한 열쇠의 하나를 고대 조선이 쥐고 있다는 사실을 밝힌 것이다.[41] 물론 그러한 백산신앙의 중요한 거점은 태백산이다. 신채호가 광명신의 서숙소인 수림으로 보았던 백두산인 것이다. 백의 민족, 백두산, 태백산 등의 '백白'이 모두 백산신앙과 관련되었다고 보았다.

백산의 일본어 표기는 '하쿠산'[42]이다. 그러나 백산을 훈독하여 '시라야마'라 부르던 것을 음독音讀하여 '하쿠산'이라 부르게 된 것은 1661년 이후이다.[43] 그 전은 '시라야마'로 불렸다. 옛 기록을 보면 '월백령越白嶺'이라 적었고 '고시노시라네(こしのしらね)'라 불렸으며, 그 이름이 현재까지 남아 백산 주변의

----

40) 水谷慶一, 앞의 책, 1980.

41) 本鄕眞紹도 '백산사상과 단군과 泰澄-산악신앙의 원류 고찰'이라는 주제의 강연(국학원 한·몽·일 국제학술회의, 2012. 8. 9.)에서 일본 白山의 산악신앙은 한반도의 영향을 받았다고 주장했다. '백산에 대한 신앙이 실은 한반도로부터 이 지역으로 건너와서 정주한 사람들에 의하여 그들 고향의 신앙의 영향을 받아 성립되었다'는 주장이다.

42) 참고로 '千と千尋の神隱し'(宮崎 駿, 2002)이라는 에니메이션에도 '하쿠신'이 나온다. 이 역시 백산신앙을 염두에 둔 神名이다.

43) 하쿠산 이름이 처음으로 國史에 보이는 것은 『文德實錄』 仁壽 3년(853) 10월의 '加加賀國白山比咩神從三位'라는 기사이다. 이 시기는 중앙에 있어서도 산악수행이 중시되었고, 동시에 높은 산(高山)을 숭경하는 풍조가 생겼다. 836년에는 7개의 높은 산 즉 比叡, 比良, 伊吹, 愛宕, 金峰, 葛城, 神峰에서 勅에 의해 藥師悔過가 행해졌다. 헤이안 시대(794~1185) 말기 하쿠산의 중요한 기록 『白山記』에 의하면 831년에 하쿠산 3반바(馬場: 禅定道의 起点)가 열리고 참배가 시작되었다 한다(高瀨重雄, 『白山立山と北陸修験道』, 名著出版, 1977. 36, 39쪽).

지명에 '白峰'으로 남아 있다. 그 후 '白山'이라 썼으며 '시라야마'라고 불렸던 시기를 거쳤고, 현재에는 하쿠산으로 부르게 되었고 하쿠산이라 해야 통용된다.

현재는 신사 이름만 시라야마히메 신사白山比咩神社(이사가와현石川県 하쿠산시白山市)이며, 2011년 현재 일본열도에 약 2,700개 야시로社의 백산신사가 있는데, 이는 모두 하쿠산 신사라 부른다.[44] 그런데 주지하다시피 '시라'는 신라건국의 중심 부족이었던 사로족斯盧族에서 유래된 말이다. 일본에서는 신라를 '시라기'로 부르며 '新羅 또는 白日, 白木, 信羅貴, 志木, 斯羅城' 등으로 표기하여 왔다. 예로부터 '시라야마'로 부르다가 '하쿠산'이라 칭하게 되었다는 사실도 백산신앙이 어떤 면으로는 신라와 관련되어 있음을 짐작케 해주는 말이다.

그러면 백산신앙은 한반도에서 어떤 경로로 일본열도에 전해졌을까?

= 시라야마히메 신사

---

44) 廣瀬誠, 『立山と白山』, 北國出版社, 1971, 22-23쪽.

한반도 동해안을 남하한 백산신앙이 일본열도에 상륙한 곳은 두 지점이었다. 한 곳은 쓰시마를 중개지로 한 북 큐슈北九州 지역이었고, 또 한 곳이 호쿠리쿠北陸였다.[45] 백산에 대한 신앙의 특질을 파악하기 위해서는 백산이 속해있는 호쿠리쿠北陸, 또는 '에치越'의 지역적 특질을 살피는 작업이 중요하다.

호쿠리쿠는 일본열도의 중앙 부분에 위치하여 서쪽의 동해東海와 인접한 지역으로 당시 대륙문화가 일본열도로 유입되던 현관으로서의 위치를 점하고 있었다. 한반도와의 교통의 교점이었던 지역이었기 때문에 대륙으로부터 도래한 문화적 요소들이 백산신앙의 성립에 적지 않은 영향을 끼쳤을 것으로 보인다. 한반도와 일본열도 사이에 놓인 동해라는 바다는 일본열도와 대륙의 사람들을 이어주는 길로서의 역할을 계속해 왔다. 해안 각지는 바다로부터 외래문화가 직접 건너오는 곳이며 물자나 문화의 교류가 번성하였다. 특히 호쿠리쿠 지역은 해류나 바람을 타고 배가 도착하고 물자의 표착이나 사절단의 왕래 등에 의해 대륙의 여러 민족과의 교류가 행해진 곳이었다.

---

45) 쓰시마에도 天童(天道)신앙이 있었다. 天童은 日神과 물가(水邊)의 여신(무녀)과의 사이에 태어난 신(御子神이라 한다)이다. 하늘에서 내려온 어린이 모습을 한 (童形) 신이라 하여 天童이라 불렀다. 역시 이곳에서도 성스러운 산을 白山, 白岳이라 불렀고, 拜所에는 社殿이 없이 高木에 累石壇을 설치하였다.

『일본서기日本書紀』에는 이러한 교류에 대한 기록들이 남아 있다. 흠명欽明 천황 31년(570) 4월에는 고구려의 배(高句麗船)가 '(越の岸)'에 도착하였다.[46] 이후에도 고구려로부터 사신들이 도착했다는 기록들은 계속되고 있다.

민달敏達 천황 2년(573)과 3년(574), 천지天智 천황 7년(674)에도 고구려로부터 사신이 도래渡来하였으며, 이 때에도 에치越의 해안으로 들어왔다는 사실을 『일본서기』에서 확인 가능하다.[47] 이외에도 뚜렷하게 지명을 언급하지 않았지만, 고구려에서 사신이나 불교의 스님(佛僧) 등이 일본열도에 도착하였다는 기록들을 『일본서기』의 곳곳에서 찾아볼 수 있다. 이들 대부분의 고구려인들은 이곳 호쿠리쿠 지역의 해안으로 왔을 가능성이 높다. 예를 들어 민달 천황 원년(572)에 천황이 대신들에게 "고구려의 사신은 지금 어디에 있는가"라고 물었다고 기록하였다. 이 때 고구려의 사신도 전년에 에치越의 해안에 표착한 고구려의 국사國使를 말한 것이다.[48]

---

46) "(欽明天皇)三一年四月.... 詔曰。朕承帝業若干年。高麗迷路始到越岸。雖苦漂溺。尙全性命。豈非徽猷廣被。至德巍巍。仁化傍通。洪恩蕩蕩者哉。有司宜於山背國相樂郡。起舘淨治。厚相資養。"(『日本書紀』)

47) "(敏達天皇)二年夏五月.... 高麗使人泊于越海之岸。破船溺死者衆。朝庭猜頻迷路。不饗放還。仍勅吉備海部直難波送高麗使。七月乙丑朔秋七月乙丑朔。於越海岸。難波與高麗使等相議。以送使難波船人大嶋首磐日。狹丘首間狹。令乘高麗船。以送高麗二人令乘送我船。如此互乘以備奸志。俱時發船至數里許。逆使難波乃恐畏波浪。執高麗二人擲入於海。""(敏達天皇)三年夏五月.... 高麗使人泊于越海之岸。""(天智天皇)七年七月.... 高麗從越之路遣使進調。"(『日本書紀』)

48) 坂本太郎, 家永三郎, 井上光貞, 大野晋 校主, 『日本古典文學大系 日本書紀』上,

또 발해도 일본과 빈번한 교류를 하였다. 발해는 727년부터 811년 사이에도 몇 차례에 걸쳐 동해를 건너 일본열도에 사절을 보냈다. 발해의 최초의 국사國使는 신구神亀 4년(727)에 도착했다.

고지마 요시타카小嶋芳孝는 조사 결과 모두 35회에 이르는 발해의 배(渤海船)에 대한 기록을 찾을 수 있다고 했다. 그 중 도착지가 판명된 것이 30회이며, 이 중에서 호쿠리쿠와 산인山陰 지방이 모두 20회를 차지하고 있다고 하였다.[49]

발해가 거란에 멸망하기까지 국사를 태운 발해의 배가 건너온 곳이 노도能登반도[50]를 중심으로 한 호쿠리쿠 지역이었다. 노도지역에는 율령정부가 '노도 객원能登客院'(현재의 이시가와현 후쿠우라 해변 추정) '마쯔바라 객원松原客院'(현재의 쓰루가시)이라는 접객 시설을 건설할 정도였다.

『속일본기』에도 발해와 교류한 기록들이 다수 보인다. 763년 8월에 일본에서 파견된 발해사가 탔던 배(渤海使船)에는 '노도能登'라고 명확히 기술되어 있었다.[51] 804년 6월에는 노도국에 발해사신을 맞이하기 위해 '객원客院'이라는 시설을 조영

1967; 下 1965, 岩波書店, 132쪽.

49) 김현욱, 앞 논문, 2008, 247쪽.

50) 일본열도의 정 중앙에서 한반도 쪽 동해로 튀어나온 반도이다.

51) "宝亀三年九月戊戌。尾張國飢。賑給之。送渤海客使武生鳥守等解纜入海。忽遭暴風。漂著能登國。客主僅得免死。便於福良津安置。"；"宝亀四年六月丙辰。能登國言。渤海國使鳥須弗等。乘船一艘來著部下。"(『続日本紀』)

하도록 명령이 내렸고, 다음 해 7월에는 수주군珠洲郡[52]에 외국 배(外國船)가 표착漂着하였다(『일본후기日本後紀』).

이 뿐만 아니었다. 외교사신이 도착할 수 있다면, 당시의 많은 민간 발해인들도 이곳으로 들어왔을 것이다. 그런 기록들이 있다. 824년 4월 경에는 노도국에 거문고(新羅琴)와 호미(鋤) 그리고 방아(碓)가 전해졌다는 기록도 보인다(『일본기략日本紀略』).

그렇다면 동해 바다를 건너 일본열도로 들어온 것은 이러한 악기나 농기구 만이 아니었을 것이다. 한반도의 생활문화나 신앙도 일본의 해안지대에 자연스럽게 전래되었을 것이라는 상황은 추정하기 어렵지 않다.

＝수소에조 고분

---

52) 石川県(能登国)에 있던 郡이다. 2005년 鳳至郡(石川県 소재)과 통합되어 鳳珠郡이 되었다.

노도섬能登島에는 7세기 중반 경의 축조된 고구려식 양식을 갖고 있는 수소에조須曾蝦夷 고분이 있다. 일본학계는 이 고분의 주인공을 고구려 호족으로 추정하고 있으며 고대 한반도와 노도반도 간의 교류가 빈번했던 사실을 확인하는 증거로 보고 있다.

『연희식延喜式』 '신명장神名帳'에는 스주군珠洲郡에 '고마시히코古麻志比古 신사', 후게시군鳳至郡의 '미마나히코美麻奈比古 신사' '미마나히메美麻奈比咩 신사'가 보인다. '고마'는 '고구려(高麗)', '미마나'는 한반도 남부의 임나任那가라를 의미하기 때문에 한반도에서 옮겨온 집단이 제사한 신으로 보는 것이 타당하다. 이렇게 교류하는 동안, 한반도의 광명신앙이 이곳을 통해 일본열도로 전해져 백산신앙으로 자리잡았다는 것을 추정하기는 어렵지 않다.

이처럼 노도섬, 또 넓게는 노도반도는 예로부터 동해 바다의 네트워크를 통해 대륙과 일본열도를 연결시켜 주는 지점 중 하나였다. 백두산을 중심으로 한 '밝' 신앙도, 전승의 와행자臥行者도 동해 바다의 네트워크를 통한 이주 집단에서 나왔다. 백산을 종교수행의 장으로 만들고 백산신앙을 연 인물은 타이쵸泰澄(682 - 767)라는 승려이다.

『타이쵸화상전기泰澄和尚伝記』(957)에 의하면,[53] 타이쵸는 미

---

53) 타이쵸와 백산신앙에 대한 기록 중에서도 사료 가치가 높은 것이 『泰澄和尚 伝記』(平安中期 성립)이다. 현존의 『타이쵸화상전기』는 전설적 요소를 많이 포함

가미 야스즈미三神安角의 2남으로서 에치젠越前의 아소우즈麻生
津에서 태어나, 10대 중반부터는 현몽現夢에 따라 십일면관음
을 신앙하고, 오찌산越知山에서 수행, 정진하여 험력驗力을 얻
었다. 그 사이 노도섬能登島에서 찾아온 와행자臥行者와 데와出羽
의 선장이었던 미야베 기요타다神部淨定라는 두 제자를 얻었고,
717년 36세 때에 숙원이었던 백산 등정에 나섰다. 타이쵸는
정상까지 올라가 구두용왕九頭龍王의 모습을 보게 되었고 그 후
부터 백산에는 많은 행자가 등정하게 되었다.

그런데 백산신앙의 개조開祖인 타
이쵸도 한반도에서 도래한 후손으
로 추정하고 있다. 야마기시 도모
니山岸共는 타이쵸를 설명하는 기록
에 '秦泰澄大德'라는 점에 주목하
여, 타이쵸의 출신을 신라계 도래
씨족인 하타秦씨라고 지적하였다.[54]

＝타이쵸 화상의 모습

하고 있으며, 또 가필된 부분들도 있다. 그러나 그 내용면에서 고대에 여신신앙이
행해지고 있던 백산을 에치젠의 타이쵸라는 불교 수행자가 관음신앙을 연 장이라
는 전승이 늦어도 헤이안 중기에 나타나고 있었음을 알려준다.

54) 下出積與 編, 『白山信仰』(民衆宗教史叢書 18), '泰澄傳承', 1986, 9쪽. 『일본서기』
에는 한반도에서 도래한 기록들이 다수 남아있다. 그 중 대표적인 기록이 신라계
의 도래인 弓月君이다. 궁월군의 후손으로 일컬어지는 저명한 가문이 바로 일본 고
대사의 주역 중 하나인 하타씨(秦氏)이다. 7세기 초두에는 聖德太子와 친교했던 秦
河勝(교토 廣隆寺의 祭神)를 비롯하여 율령시대(701년 이후)에도 다수의 하타씨 가
문 사람들이 중앙에서 활약했다. 그 중심은 山背国(현재의 교토시)에 거점을 가진
하타씨 일족으로서 桓武天皇에 의한 平安遷都의 배경에도 이 하타씨의 존재가 작

가마쿠라鎌倉시대 말의 기록인 『계람십엽집溪嵐拾葉集』에는 타이쵸의 아버지 미가미 야스스미三神安角가 하타 씨秦氏의 후손이며, 동해에서 한반도와 일본열도 사이를 오가며 생활하였다고 기록되었다.[55] 만약 이 전승에 틀림없다면, 한반도와 일본열도를 맺는 절호의 위치에서 활동했던 셈이다.

타이쵸는 11세가 되어 당唐에서 돌아왔을 때, 호쿠리쿠北陸 지역을 수행하던 승려 도쇼道照의 눈에 띄게 되는데 도쇼는 타이쵸의 머리 위에 원광이 드리운 것이 자신의 눈에만 보이는 기이한 일에 놀랐다.[56] 또 타이쵸의 어머니[57]는 백옥白玉의 수정水晶이 품안으로 들어오는 태몽을 꾼 후 타이쵸를 잉태하였다는 신비스러운 탄생 이야기가 전해진다. 이는 단군신화 및 고구려 동명왕 전설, 그리고 신라왕자 아메노히보코天日槍 신화에 보이는 일광감정설화日光感精說話 및 난생설화를 연상케 하

용했다고 여겨진다. 하타씨는 畿内 뿐만 아니라 越前에도 분포되어 있었다.

55) 타이쵸의 속명이 '三神'이라는 성씨를 가졌다는 사실도 중요하다. 주지하다시피 삼신은 한민족의 독특한 천신으로 고대 천제에서 모셔던 신이다.

56) "白山行人泰澄和尚者 本名越大德 神融禅師也. 俗姓三神氏 越前国麻生津三神安角二男也. 母伊野氏 夢取白玉水精 入懷中乃妊... 白鳳二十二年壬午歲六月誕生... 入唐帰朝聖人道照和尚 北陸道修行時 来宿安角蓬屋 其時和尚十一歲小童也. 道照和尚視此小童 頭現円光 頂有天蓋 道照唯独自見 余人不見 道照和尚驚怖 和尚生年十四也."(『泰澄和尚伝記』). 타이쵸는 동시대인으로 같은 도래인의 후손인 道昭, 行基(왕인의 후손), 玄昉(법상종의 고승)과 교류하였고, 산림에서의 수행 및 逃亡役民을 조직하여 활동하는 등 다양한 일화를 남겼다.

57) 타이쵸의 어머니는 伊野(이노, 이네)인데 이는 고대 조선어의 '母=에비네'에서 '비'음이 탈락한 것으로 볼 수 있다.

고 있다.

타이쵸가 아소우즈麻生津에서 태어났다는 내용이나, 두 제자
가 바다에서 와서 타이쵸에게 의지했다는 것도 모두 바다와
관련되어 있었음을 알려준다.『전기傳記』에 의하면, 제자들은
노도섬에서 왔으며, 배의 선장이었다. 결국 '타이쵸 전승은 해
민海民 사이에 전해지던 해민 출신의 위대한 수행자의 이야기
였다.'[58]

가가의 백산白山신사 주변에는 예로부터 표박민漂泊民(배를 타
고 떠도는 사람들)이 집단으로 정주定住하고 있는 것으로 알려져
있었다. 이를 단순히 우연이라고 볼 수는 없다. 대륙에서 일본
을 향한 방위는 태양이 솟는 방향이고, 곧 태양을 향한 길이었
다. 백신白神은 태양(日)의 신이다.

천손족인 기마민족은 한반도에서 태양이 솟는 일본을 향해
남하동진南下東進하면서, 표박민도 똑같이 태양을 향해 한없이
가까운 곳을 찾아 길을 나아갔다. 그 종착지가 이곳 백산 주변
이었던 것이다. 여기서 그들은 백신白神을 모셨다. 천손족의 백
신白神을 권청勸請[59]해서 공동의 신으로 모셨던 것이다.

이에 대해 보다 구체적인 지적도 있다. "시베리아의 샤마니
즘 문화권에는 백 샤만과 흑 샤만이 있어, 그들은 신의 일(神

---

58) 山岸共,「白山信仰と加賀馬場」,『白山·立山と北陸修驗道』(山岳宗教史研究叢書
10), 名著出版, 1977.
59) 신령을 옮겨 모시는 것을 말한다.

事)를 행하고 있었다. 특별한 사례를 제외하면 백 샤만은 착한 신(善神), 흑 샤만은 나쁜 신(惡神)의 성격을 띠며 그러한 역할을 담당한다. 그 백·흑 샤만, 곧 두(2) 신이 시베리아에서 중국 동북지방과 한반도를 통해 바다를 건너 일본까지 흘러 들어왔다"라고 지적하였다.[60]

특히 김현욱은 "백산신앙의 성립에는 고대 한반도의 산악신앙이 직접적인 영향을 끼쳤던 것으로 생각된다. 수험도를 비롯한 백산신앙의 성립에 큰 영향을 끼쳤던 도교는 3, 4세기 경부터 백제와 고구려로부터 전래되었던 것에 반해 신라로부터는 산악숭배를 중심으로 한 지신신앙地神信仰이 전파하였던 것으로 보인다"[61]고 하였다. 시게마쓰 아키히사重松明久도 이러한 주장을 하면서, 호쿠리쿠에는 산악 신비관과 산악 타계관이 침투해 있었다고 보았다.[62]

신라에서는 명산대천名山大川의 신에게 제사를 지내고 있었다. 『삼국사기』를 보면, 신라의 왕이 "우두주에 이르러 태백산을 바라보며 제를 지냈다"[63]라는 기록이 있다. 태백산을 성스러운 영산靈山·신산神山으로 여겼음을 알 수 있는 기록이다. 이

60) 金兩基, 「白い神と黒い神の道—翁源流考」, 前田憲二 外, 『渡來の原鄕 白山·巫女·秦氏の謎を追って』, 現代書館, 2010, 13-14쪽.
61) 김현욱, 앞 논문, 2008, 249쪽.
62) 重松明久, 『古代国家と道教』, 吉川弘文館, 1985, 417쪽.
63) "至牛頭州 望祭太白山." (『삼국사기』 신라본기 기림이사금 3년(300)).

러한 한반도의 성스러운 태백산 곧 백두산에 대한 신앙이 백산신앙의 형성에 영향을 끼쳤을 가능성은 추측하기는 어렵지 않다. 나가노 하타요시中野幡能도 이 점을 강조하여 백산신앙이 신라의 태백산·소백산을 둘러싼 단군신화의 영향을 받았다고 언급하였던 것이다.[64]

---

[64] 中野幡能, 「英彦山の歷史」, 『英彦山と九州の修験道』, 名著出版, 2000, 22쪽.

4. 백산신앙의 제신祭神

1) 호쿠리쿠北陸 지역과 가라카미韓神

앞서 살펴보았듯이, 호쿠리쿠 지역은 큐슈九州, 산인山陰 등
과 함께 대륙문화가 바다(동해)를 건너 들어오는 현관에 해당
하는, 당시는 최신의 대륙문화를 향유하는 지역이었다. 따라
서 이 지역에는 도래인과 함께 그들이 모시는 신들도 함께 들
어온 것은 당연한 일이었다.

『속일본기』에는 '소와 말을 살륙하여 가라카미韓神에게 제
사지내지 말라'[65]는 금지사항이 보인다. 『일본서기』에 의하면,
642년에 대한발大旱魃이 있었다.

"마을마다 하후리베祝部(神職)가 가르친 대로 소와 말을
죽여 이를 공양하여 모든 야시로社의 신들에게 기원하기
도 하고.... 하백河伯(가하쿠)에게 기도를 드리기도 하였으
나 전혀 효험이 없었다."

동물희생 제의祭儀, 곧 '우마牛馬를 죽여 야시로社의 신을 제

---

65) "延曆十年九月甲戌。仰越前。丹波。但馬。播磨。美作。備前。阿波。伊豫等國。壞運平城
宮諸門。以移作長岡宮矣。斷伊勢。尾張。近江。美濃。若狹。越前。紀伊等國百姓。殺牛用祭
漢神。"(『續日本紀』)

사하는' 의례가 행해졌지만 효과가 없었고 기우제가 잘 행해
지지 않았다는 내용이다.[66]

9세기 초반에 성립된 『일본영이기日本靈異記』에도 '가라카미漢
神를 숭경한 남자가 소를 잡아 제사한 이야기'[67]가 보인다. 내
용을 요약하면 이렇다.

'성무聖武 천황 무렵에 셋쯔국攝津國에 사는 부유한 남자
가 가라카미를 숭배하였다. 이를 위해 매년 소 1마리씩
잡아 제사를 행하였고, 이러한 의례를 7년 동안이나 계속
하였다.

그러다가 남자가 갑자기 중병이 들었다. 의사를 찾고
약을 먹으며 치료를 했지만, 7년이 넘도록 호전될 기미가
보이지 않았다. 주술자를 불러 액막이(祓)도 해 보았지만,
조금도 회복되지 않았다. 이후 자신이 병이 든 것이 살아
있는 동물을 죽였기 때문임이 틀림없다고 생각하게 되어,
재계齋戒를 하고 또 한편으로는 방생放生을 행하였다.

7년 후에 이 남자는 죽어 지옥에 갔고, 염라대왕 앞에
서 재판을 받게 되었다. 거기에는 소의 머리를 한 귀신 일
곱이 있었고, 그들은 그동안 자신(소)들을 죽인 남자의 유

---

66) "皇極天皇元年七月戊寅。羣臣相謂之曰。隨村々祝部所教。或殺牛馬祭諸社神。或頻
移市。或禱河伯。旣無所効。"(『日本書紀』)
67) 『日本靈異記』中卷 5, 117-121쪽.

죄를 주장하였다. 그러나 남자가 방생함으로써 생명을 살린 천만 이상의 동물이 남자를 위하여 열심히 변호하였다.

　이 재판은 오래 끌었지만, 결국 염라대왕은 다수결의 원칙을 채용하여 변호하는 측의 의견을 받아들여 판결하였다. 남자는 석방되어 집으로 돌아왔다.'

셋쯔 지역의 유력자가 숭배한 신은 '가라카미'였다. 또 가라카미를 모시기 위해 매년 소를 잡아 제사하고 있었다는 내용이다. 가라카미를 한자로 '漢神'이라 표기되어 있기 때문에, 이 동물희생 제의가 중국에서 유래하는 것이라 생각될 수도 있지만, 이는 한반도에서 온 아야 씨漢氏와 관련된 것이다.

　'고즈'(牛頭)라 불리어진 신을 야마시로山城에 사는 도래인의 자손이 제사하고 있는 것과도 같은 맥락이다. 일본어 고유명사 '가라'는 원래 3세기에서 6세기에 걸쳐 한반도의 남부에 있었던 '가야, 가라伽羅'를 가리키는 말이었다. 5, 6세기에 걸쳐서 신라와 백제의 침략에 대항해서 가라 7국은 연합했지만, 562년 신라에게 멸망하였다. 이후 일본어 고유명사 '가라'는 의미가 확장되어 한반도 전체를 가리키게 되었다.[68]

---

68) 중국을 가리켜 '가라'라 할 때는 보통 '唐'이 쓰였고, 한반도는 '韓'이 쓰였다. 『속일본기』에서 '가라카미'의 표기는 '漢'이 사용되었다(殺牛用祭漢神). 후대가 되면 '南蠻'을 언급할 때도 '가라'라는 말이 사용된다.

『일본서기』와 『일본영이기』의 기록이 시사하는 바는 동물희생 제의가 이외로 널리 확산되어 있었다는 사실과, 또 여기에는 항상 '가라카미'가 존재하였다는 사실이다. 그리고 말과 소를 죽여 신에게 제사지내는 것은 다른 문화(異文化)의 제사습관으로 의식되고 있었다는 점이다.

한반도에서 소를 제물로 바치고 제사를 지내는 풍습이 존재했다는 것은 경상북도 지역에서 발견된 금석문金石文에서 확인 할 수 있다.[69] 영일迎日 냉수리 신라비冷水里新羅碑(503년 추정)와 울진蔚珍 봉평 신라비鳳坪新羅碑(524년 추정)에서 그 내용 확인이 가능하다. 곧 냉수리비에 있는 "소를 잡아 하늘의 뜻을 묻고 널리 고하였기에 이를 기록한다"(事煞牛拔 誥故記)는 내용과 봉평비의 "신라 6부에서는 얼룩소를 잡아 하늘에 제사지내는 의식을 행하였다(新羅六部煞斑牛)"는 내용[70]이 그것이다. 이처럼 신라에서는 살우의례殺牛儀礼 곧 동물희생 제의가 행해지고 있었다.

한반도로부터 전래된 이러한 동물희생 제의가 연력기延暦期(782-806)까지 일본 각지에서 어느 정도 널리 확산되어 있었음을 추측할 수 있다. 그러다가 앞서 보았듯이 『속일본기』에 의하면, 정부는 이러한 의례를 좋아하지 않아, 791년에 금령禁令

---

69) 김현욱, 앞 논문, 2008, 248쪽.

70) 煞은 殺의 다른 글자이다.

을 공포하여 소를 죽여 가라카미漢神을 제사하는 관습을 폐지하려 하고 있다. 이를 금지한다는 뜻은 이미 이러한 의례가 일본에 전해져 지방에서 행해지고 있었으며, 나가오카교長岡京 시대에 와카사若狹, 에츠젠 양 지역에도 도래계 신앙이 전파되어 있었음을 말해주는 것이다.[71]

그리고 『류취국사類聚国史』를 보면, 10년 후의 801년에는 일찍부터 한반도로부터 도래문화가 뿌리를 내린 에치젠 지역에 다시금 '도우제신屠牛祭神' 금령禁令이 내려졌다.[72] 호쿠리쿠 지방에도 가라카미 신앙漢神信仰이 농후했었던 것이다.[73]

『일본서기』에 기록된 수인 천황垂仁天皇 2년 조에 실린 쓰누가아라시토都怒我阿羅斯等 전승도 호쿠리쿠 지역의 도래문화를 파악할 수 있는 자료이다. 그 내용은 이렇다.

'이마에 뿔이 난 사람이 한 척의 배를 타고 고시국越國의 게히노우라笥飯浦에 정박하였다. 그래서 그곳을 이름하여 쓰누가角鹿라 일렀다. 그에게 어느 나라 사람이냐 라고 묻자 가라국加羅國의 왕자로 이름은 쓰누가아라시토라 하였다.

가라국의 왕자가 일본에 가게 된 연유는 황소(黃牛)의

---

71) 本鄕眞紹, 앞의 책, 2001, 20-21쪽.
72) 『類從國史』10, 『國大』5, 90쪽. "越前國禁行□加□□屠牛祭神."
73) 김현욱, 앞 논문, 2008, 249쪽.

도살 대가로 그 지역에서 제祭하고 있는 신神을 받았는데 이것은 하얀 돌(白石)이었다. 이 하얀 돌이 동녀童女로 변해 동쪽을 향해 바다를 건너 일본으로 가 버렸기 때문에 쓰누가아라시토가 뒤따라 왔던 것이다.'[74]

이는 한반도와 종교문화의 관련성과 도래인의 흔적을 담고 있는 자료이다.

2) 백산신과 구쿠리히메 신

이처럼 호쿠리쿠 지역에는 한반도의 영향을 받은 신앙의 흔적을 어렵지 않게 찾아볼 수 있으며, 백산신앙에도 한반도 광명문화의 요소가 포함되어 있다는 것은 쉽게 짐작할 수 있다. 그러면 백산신앙의 제신祭神은 어떤 신들이었는지를 살펴보자.

---

74) "(垂仁天皇二年十月)一云御間城天皇之世。額有角人。乘一船泊于越國笥飯浦。故號其處曰角鹿也。問之曰。何國人也。對曰。意富加羅國王之子。名都怒我阿羅斯等。..... 一云。初都怒我阿羅斯等。有國之時。黃牛負田器。將往田舍。黃牛忽失。則尋迹覓之。跡留一郡家中。時有一老夫曰。汝所求牛者。入此郡家中。然郡公等曰。由牛所負物而推之。必設殺食。若其主曼至。則以物償耳。卽殺食也。若問牛直欲得何物。莫望財物。便欲得郡內祭神云爾。俄而郡公等到之曰。牛直欲得何物。對如老父之敎。其所祭神。是白石也。乃以白石。授牛主。因以將來置于寢中。其神石化美麗童女。於是。阿羅斯等大歡之欲合。然阿羅斯等去他處之間。童女忽失也。阿羅斯等大驚。問己婦曰。童女何處去矣。對曰。向東方。則尋追求。遂遠浮海以入日本國。所求童女者。詣于難波爲比賣語曾社神。且至豊國國前郡。復爲比賣語曾社神。並二處見祭焉。"(『日本書紀』) 이는 수인천황 시대 신라왕자 아메노히보코(天之日矛) 전설과 동일한 모티브를 갖고 있다.

백산신은 전통적으로 여신이었지만, 항상 동일한 모습이나 동일한 명칭이 아니었다. 불교가 들어오기 이전에는 시라야마히메白山比咩 신이었다가, 불교가 들어와 정착하면서는 묘리대보살妙理大菩薩이 되었다.[75]

시라야마히메 신사의 주제신主祭神은 구쿠리히메菊理媛 신이었고, 배신背神이 이자나기伊弉諾 이자나미伊弉冉 신이었다.[76] 주지하다시피 일본신화를 보면, 이자나기와 이자나미 신은 다카마노하라高天原에서 천손강림天孫降臨 하기 전의 신대神代 7대 중 가장 마지막 부부신으로 일본열도를 창조한 주신主神이다.

시라야마히메는 다른 이름으로 구쿠리히메라고도 하였다. 구쿠리히메 신은 일본신화에서도 찾아보기 어렵고 『일본서기』에 이자나기 신이 이자나미 신을 좇아 황천국黃泉國(요미노구니)에 가서 대화하는 과정에서 한번 등장하는 신이다.[77]

구쿠리히메에서 '히메'는 여신을 말하지만, '구쿠리'라는 명칭에 대해서는 다양한 설이 있다.[78] 그 중 하나는 '묶다'라는 뜻 구쿠리(括り)에서 나온 것으로 보고, 이자나기 신과 이자나미 신 사이를 중재한다는 의미를 가진 것으로 보는 설이다. 또

75) 우정미, 앞 논문, 2007, 218쪽.
76) 伊藤雅紀, 「白山信仰史研究の現狀と今後の課題」, 『神道史研究』 50-3, 2002, 391쪽; 우정미, 앞 논문, 2007, 225쪽 재인용.
77) "伊弉諾尊追至伊弉冊尊所在處. … 是時, 菊理媛神亦有白事. 伊弉諾尊聞而善之." (『日本書紀』)
78) 우정미, 앞 논문, 2007, 226쪽.

'실을 잣는다'는 의미에서 시라야마 기슭의 양잠에 관계된 신앙으로 보는 설도 있으며, '빠져나가다, 잠수하다'(潛る)의 뜻에서 물과 관련된 신으로 보기도 하며, 혹은 '들어주다'(聞き入れる)가 전화轉化한 것이라는 설도 있다. 이러한 다양한 설과 더불어 앞서 언급하였듯이 고구려에서 많은 사람들이 일본열도로 건너오게 되었고, 그들은 자신들이 숭경하는 광명신과 같이 도래하였으며, 바로 그들이 백산 정상에 모신 신이 고쿠리히메高句麗媛라는 주장도 있다. 고쿠리히메가 구쿠리히메로 바뀌는 것은 자연스런 현상이다.[79]

백산신앙의 개조開祖인 타이쵸泰澄도 도래인의 후손이었고, 『타이쵸화상전기泰澄和尚傳記』(957)에 의하면 그도 백산신白山神의 계시를 받고 백산에 입산하여 감득하였다 한다. 타이쵸가 백산에서 수행하는 과정에서 백신白神의 시현을 경험하게 된다. 716년(靈龜 2년) 백산신인 '귀녀貴女'가 꿈 속에 시현함을 계기로 타이쵸는 백산 기슭으로 옮겨온다. 타이쵸의 기원으로 한번 더 귀녀의 시현이 있었고, 타이쵸가 백산 정상에 올라 정성으로 기도하자 바위 연못 쪽에서 백산신이 '구두용왕九頭龍王'의 형상으로 나타났다.[80]

---

79) 下出積與, 『白山信仰』, 雄山閣, 1986, 252쪽.
80) "和尚至靈龜二年夢 以天衣瓔珞餙身貴女 從虛空紫雲中 透出告曰 ..... 元正天皇御在位 養老元年丁巳歲 和尚年三十六也 彼年四月一日 和尚来宿白山麓... 先日夢 貴女 屢現命和尚言 此地大德悲母生穢非結界 此東林泉 吾遊此地 早可来 言末畢 即隱和尚驚 此告 乃臨彼林泉 日夜放大音声 礼拝念誦..... 爰酬祈念 前貴女現告曰 我雖有

여기서 주목되는 것이 백산신이다. 시라야마히메이자 구두용왕으로 나타나기도 하고 불교의 십일면관음十一面觀音으로 나타나기도 하며 오오아나무치太己貴로 시현되기도 하는 백산신이다.[81] 그러나 이러한 백산신앙의 중핵을 이루는 신앙의 대상은 여신女神 구쿠리히메 신이었다. '구쿠리히메(ククリヒメ)'는 '고우구리히메(コウクリヒメ. 高句麗媛, 고구려 여신)'인 것이다.

에도시대에 들어서면서 백산권현白山權現(하쿠산곤겐)[82]을 구쿠리히메 신이라는 설이 유력해 지는데, 이는 요시다 신도吉田神道가 『일궁기一宮記』에 '白山比咩神社, 下社, 上社菊理媛, 号白山權現'이라 적은

구쿠리히메신

天嶺 恒遊此林中..... 和尚今顯靈感奇異 弥仰仏德掲焉 乃挙登白山天嶺禅定 居縁碧池側 礼念加持一心不乱 猛利強盛..... 爾時池中 示九頭竜王形 和尚重責曰 此是方便示現 非本地真身焉 乃又十一面観自在尊慈悲玉躰忽現.......... 和尚挙右孤峯 値一奇服老翁 神彩其閑 乃語曰 我是妙理大菩薩神務清謐啓沃輔弼 名曰太己貴."(『泰澄和尚傳記』).

81) 상기 주의 인용문을 보면, 백산신은 계속 모습을 바꾸어 시현한다. 구두용왕으로 나타나자, 타이쵸가 진실된 모습을 보이라고 하자 십일면관음(十一面觀音)으로 모습을 바꾼다. 이렇게 '십일면관음'으로 시현하였다가 나중에는 '오오아나무치(太己貴)' 신으로 시현하였다. 일본신화에서 신라국과 관련된 스사노오노미코토(建速須佐之男命)의 후손인 오오쿠니누시노 미코토(大國主命)가 『일본서기』에서는 오오아나무치노가미(大己貴神)로 나온다.
82) 權現은 神仏이 다른 모습으로 나타난 神.

데서 연유한 것이다. 유일신도의 창시자인 요시다 가네토모吉田兼俱(1435-1511)의 『이십이사주식二十二社註式』에는 구쿠리히메가 백산의 주신이라는 기록이 나온다.

또 오오에 마사후사大江匡房의 저술로 알려진 『부상명월집扶桑明月集』에도 구쿠리히메가 백산의 주신으로 기록되었고, 뿐만 아니라 교토京都의 히에산比叡山의 객인사客人社(마로우도사)의 신神에 대해서도 '女形, 第五十第桓武天皇卽位延歷元年, 天降八王子麓白山, 菊理比咩神也'라고 하였다.[83] 객인사는 히에산 엔랴쿠사延曆寺가 수호신인 칠사七社의 하나로 백산신을 권청勸請하여 모신 야시로社이다.

백산신은 한반도에서 바다 건너 온 도래신, 내방신來訪神인 것이다. 일본열도의 신들이 도래신이라는 것을 오리구찌 시노부折口信夫는 객신客神(마레비토) 신앙이라 하였다. 신라 및 발해로부터의 사자使者를 '번객蕃客'이라 불렀다는 사실도 참고할 만하다. 일본에서는 타계他界 또는 이향異鄕에서 온 내방신來訪神을 객신客神이라 한다. 곧 도래인들과 함께 일본열도 외부에서 들어온 손님신이다.[84]

---

83) 우정미, 앞 논문, 2007, 225-226쪽.

84) 『延喜式』 권 제10의 「神名帳」에 의하면, 객신, 곧 한국과 관계된 신사로 가라쿠니(辛國) 신사, 고마(許麻) 신사, 가라카미사(韓神社), 미카도(神門)신사, 가라쿠니이다테(韓國伊太低) 신사, 다마츠쿠리유(玉作湯) 신사, 이야(損夜) 신사, 아스키(阿須岐) 신사, 이즈모(出雲) 신사 등과 삼국의 이름이 붙은 신라신사, 고려신사, 백제신사 등 다수가 있다(윤광봉, 『일본 신도와 가구라』, 태학사, 2009, 17쪽).

신사에서 해마다 열리는 마쯔리祭에서는 미코시神輿를 메고 끌 때 "왓쇼이, 왔쇼이"라 소리치는 것도 '신이 도래했다'라는 의미이다. 한국어 '왔소, 왔소'의 뜻인 것이다. 존경하는 신의 도래성, 내방성, 객인성을 기쁘게 맞이하는 것으로 보인다.[85] 신사는 아니지만 하타노가와가쓰秦河勝와 관계 깊은 오사카大阪의 시텐노지四天王寺에서는 '사천왕사 왔소'라는 이벤트를 기획하여, 매년 성대하게 행사를 개최한다.

『고사기』를 보면, 오오토시노가미大年神의 계보에 가라카미韓神, 소호리曾富理 신, 시라히白日 신 등이 나온다. 이러한 신들도 도래신인 것은 명백하다. 가라카미韓神는 그 명칭으로 보았을 때도 한국, 곧 고대 조선의 신이다. 그런데 일본 왕실에서는 지금도 가라카미韓神를 모시고 있다.

『연희식延喜式』(927)은 궁내성 좌신坐神 삼좌三坐로서 가라카미사韓神社 2좌, 소노가미사園神社 1좌를 들고,[86] 사시제상四時祭

---

85) 도래신의 한 예로 하치만 신앙(八幡信仰)을 들 수 있다. 하치만 신앙의 중심은 大分縣 宇佐市에 건립된 하치만 신궁이다. 하치만 신궁은 나라 시대 應神천황의 명에 의해 세워졌으나 원래 신앙은 海神, 鍛冶神, 하타씨신(秦氏神), 하루만(ハルマン)신을 모셨다. 豊前은 하타(秦)왕국의 별칭이라 할 정도로 도래인이 濃密하게 이주한 땅으로, 쇠를 다루는 가지(鍛冶)와 함께 샤마니즘도 성행했다. 도래인의 농경문화, 철 문화와 함께 도래인 하타씨와 '할머니의 신'을 모신 것이다. 하치만 신궁은 우리나라에서 도래한 민족의 '할머니 신'을 섬기는 곳이었다(윤광봉, 앞 책, 2009, 17쪽).

86) 가라카미(韓神)는 백제계, 소노카미(園神)는 신라계의 이마키신(今來神)으로, 모두 스나노오 신 계통의 오토시노가미(大年神)의 아들이다. 이 신들에 대한 祭는 무녀가 춤을 추는데 진행은 아지메(阿知女) 작법으로 한다. 음력 3월 18일에 제사

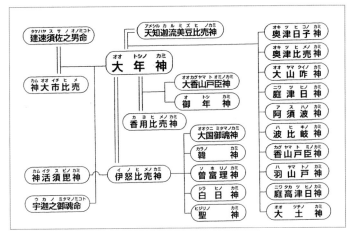

タケハヤ ス サ ノ オノミコト
建速須佐之男命

アメシル カル ミ ズ ヒ ノカミ
天知迦流美豆比売神

オオ トシノ カミ
大 年 神

カム オオ イチ ヒ メ
神大市比売

オオカグヤマ ト オミノカミ
大香山戸臣神

オ トシ カミ
御 年 神

カ ヨ ヒ メ ノカミ
香用比売神

オオクニ ミタマノカミ
大国御魂神

カラノ カミ
韓 神

カム イク ス ビノカミ
神活須毘神

イ ノ ヒ メ ノカミ
伊怒比売神

ソ ホ リ ノ カミ
曾 富 理 神

ウ カ ノ ミタマノミコト
宇迦之御魂命

シラ ヒ ノ カミ
白 日 神

ヒジリノ カミ
聖 神

オ ツ ヒ コ ノ カミ
奥津日子神

オキ ツ ヒ メ カミ
奥津比売神

オオ ヤマ クイノ カミ
大 山 咋 神

ニワ ツ ヒ ノ カミ
庭 津 日 神

ア ス ハ ノ カミ
阿 須 波 神

ハ ヒ キ ノ カミ
波 比 岐 神

カグ ヤマ ト ミ ノ カミ
香山戸臣神

ハ ヤマ ト ノ カミ
羽 山 戸 神

ニワ タカ ツ ヒ ノ カミ
庭高津日神

オ ツ ツチ ノ カミ
大 土 神

- 오오토시노가미大年神을 중심으로한 신들의 계보. 그 아래에 가라카미韓神, 소호리노가미曾富理神, 시라히가미白日神 등이 보인다.

上에 봄 2월, 겨울 11월 축丑 날에 제사한다고 적혀있다. 양사兩社는 모두 하타秦씨가 제사하던 신이었지만, 헤이안교平安京이 조영된 후 그 땅을 지키는 신이 되어 궁내성에서 제사하는 신이 되었다.

일본 왕실의 궁중에서 불리어지는 가쿠라神樂에는, 고대 한민족의 소도제천 행사에서 불렸던 '어아가於阿歌'처럼, '한신'의 노래가 있다. 그 노래는 "미시마 무명 어깨에 걸치고"로 시작하면서 '한신'을 거듭 부른다.[87]

가 있다(윤광봉, 앞 책, 2009, 91쪽). 어쩌면 이는 고조선 천제일인 大迎節(음. 3. 16)에 맞춘 듯하다.
87) 노래의 해석은 홍윤기의 해석이다. 그는 '일본 천황가가 韓神을 모시고 있으며 그 신을 모시는 의식에서 읊어지는 노래가 한국어'라고 주장하였다. 그 노래에

"미시마三島 무명 어깨에 걸치고, 나 韓神는 韓을 모셔오 노라. 韓을 모셔, 韓을 모셔 오노라. .... 八葉盤을랑 손에 다 쥐어 잡고, 나 韓神도 韓을 모셔오노라. 韓을 모셔, 韓 을 모셔 오노라."

노래에 있는 "韓招ぎ"는 문자 그대로 "한신을 모셔오자"라 는 뜻이다. 그리고 소호리 신은 소시모리曾尸茂梨와 관계를 가

한신가韓神歌(上田正昭, "日韓親善 と天孫文化"에서 인용)

들어있는 "阿知女 於於於於 於介..." 부분에 대해서도 홍윤기는 고대 한국어로 풀 어야만 한다고 설명한다. '阿知女', '於於於', '於介'가 한국어라고 주장하며, '阿知 女(아지메)'라는 말은 경상도 사투리인 '아지매(아줌마)'이며 신라의 고귀하고 신 성한 여성(여신)이라는 뜻이라고 해석하였다. 그리고 '於介'도 한국어의 '오다'의 명령형(오게)으로 보았다(홍윤기, 「일본 개국신화의 모태인 단군신화, 가야신화 고찰」, 국제뇌교육종합대학원 한일천손문화연구소 학술대회, 2010. 10. 4).

진 신라와 연고있는 신이다. 또 시라히白日 신은 다양한 설이 있다.[88] 신라의 신이며, 또 '시라히'는 문자 그대로 하얗게(白) 빛나고 밝은 태양의 뜻으로, 한반도의 천공天空신앙, 일월日月 신앙, 광명신앙의 의미를 지니기도 한다.

---

88) 前田憲二 外, 앞의 책, 2010, 72쪽.

5. 백산과 수험도

일본열도에서 백산은 고대부터 신神이 사는 '영산靈山'으로 여겨졌으며 두려움과 숭배의 대상이 되어 왔다. 헤이안 시대 중기에 들어서면서는 불교와 도교 등의 영향으로 심산에 들어가 수도함으로써 재난과 악령을 쫓는 초능력을 획득할 수 있다고 믿어졌던 수험도修驗道가 확산되었고, 영산으로서 백산의 명성이 높아짐에 따라 수도자 뿐 아니라 일반 참배자들도 백산으로 찾아들게 되었다.

그런데 이러한 백산신앙의 연원을 추적해 보면 그 중요한 열쇠의 하나를 고대 조선이 쥐고 있다는 사실을 발견하게 된다. 바로 백두산을 중심으로 한 광명신앙이다. 백산은 단순히 「색이 하얀 산」이 아니다. 그것이 의미하는 것은 「햇빛이 비추어 빛나는 산」이다. 그 성스러운 태양신앙의 산을 매일 바라본 그 일족이 동쪽을 향해 동해를 건너왔을 때, 수평선 저쪽에 최초에 보았던 것이 일본열도 가가加賀의 백산白山이었던 것이다.

백산신앙은 광명사상이고 백두산을 중심으로 한 산악신앙이었다. 광명문화는 신산神山을 가지고 있는 것이 특징이다. 고대 조선의 백두산은 영산靈山으로 사람들의 외경을 받는 신산神山 혹은 천산天山의 의미를 지니며 고대 광명문화의 신성성이 비롯되는 곳이었다. 이처럼 백두산은 단순히 지리적 개념으로 인식된 것이 아니라 신성한 산으로서 신앙대상으로 존재하였던 것이다.

일본에는 예로부터 산을 신성시한 산악신앙, 곧 백산신앙이 있었다. 백산신앙은 이시가와현石川縣과 기후현岐阜縣에 걸쳐 자리한 백산에 대한 신앙이며, 그곳의 시라야마히메白山比咩 신사에 대한 산악신앙이다. 산신山神은 주신主神으로 구쿠리히메菊理媛 신이라는 여신女神이 설정되어 있다.

한반도로부터 일본열도에 전해진 백산신앙은 지금도 그 흔적이 많이 남아있다. 나라奈良시대에는 수험도修驗道의 수행자들이 백산신앙과 연결하여 산악을 영산靈山으로 받들어 신앙하면서 일본 각지에서 산문을 여는 일이 많았다. 수험도修驗道의 산에는 백산신앙이 있다. 고대 말에 타이쵸가 산에 올라 경

▪백산수험도의 모습

배하여 산문山門이 열리면서, 중세에는 백산수험白山修驗이 자리하게 되었다. 이 백산수험의 신앙권은 호쿠리쿠北陸를 거쳐 동북지방으로 확대되었고, 또 전국 각지의 산재한 백산신사白山神社는 백산수험에 의한 신앙권이 확장된 결과로 보여진다.

본 글을 끝맺는 부분이지만, 한 가지 언급해둘 내용이 있다. 백산신앙과 백산수험을 다루면서 반드시 살펴보아야만 하는 것이나 지면의 제약 상 언급하지 못한 사실이 있다는 사실이다. 바로 큐슈九州의 백산수험 신앙이다.

큐슈九州 북부에는 수험修驗의 산으로 유명한 히코산英彦山이 있다. 여기에도 백산신사가 자리하여 백산수험 신앙의 모습을 보여준다. 특히 『히코산유기彦山流記』를 보면, 히코산의 개조開祖를 등원환웅藤原桓雄(후지와라 강유)이라 하였다. 이는 한민족의 환웅桓雄 성조를 가리킨 것이 명백하다.[89] 이른바 백산신앙이 수험도에서 체계화된 것이었다. 일본 전체를 합해서 약 2,700개소에 달하는 백산이 있는데, 그 가운데 후쿠이현福井縣의 백산과 곰을 제사하는 후쿠야마현福山縣의 타테야마立山 등이 유명하고 이시가와현石川縣의 백산이 백산신앙의 원류였다. 이러한 백산신앙에는 한반도로부터의 도래문화의 영향이 적지 않다는 점을 발견할 수 있다.

----

89) 前田憲二 外, 위의 책, 60쪽. 또 長野覺·朴成壽, 『韓國檀君神話と英彦山開山傳承の謎』, 福岡:海鳥社, 1996 참조.

Chapter III

일본의 고대문화와
홍익문화

1. 홍익문화

명산 중에 아름다운 곳을 택해 '국선소도國仙蘇塗'[1]를 설치하여 천제天祭를 지낸 고조선 11세 도해道奚 단군이 선포한 염표문念標文에 있는 글이다.

"一神降衷 性通光明 在世理化 弘益人間."[2]

이 16자 글자는 하늘(天)·땅(地)·사람(人)에 대한 설명 뒤에 나온 것으로 보아 인간이 할 바를 밝힌 내용으로 보인다. "일신이 인간에게 참마음[3]을 내려 주었고 인간의 본성은 원래부터 신의 광명과 통해 있으므로 그 가르침으로 세상을 다스려 널리 인간 세상을 이롭게 하라"는 뜻이다.[4] 곧 '사람은 지혜와

---

1) 천제天祭를 지내는 곳을 '소도' 또는 '수두'(신채호)라 했다.
2) 염표문의 전문은 "天以玄默爲大 其道也普圓 其事也眞一. 地以蓄藏爲大 其道也效圓 其事也勤一. 人以知能爲大 其道也擇圓 其事也協一. 故一神降衷 性通光明 在世理化 弘益人間."(『단군세기』) 이다.
3) 衷은 천부적인 中正의 德으로 선악의 논리를 초월한 '중용의 至善의 마음자리'이다(안경전 역주, 『환단고기』, 상생출판, 2012, 233쪽).
4) 홍익인간의 이념은 환웅에게 내려준 가르침으로 단군조선으로 전수된 심법이다. "夫弘益人間者 天帝之所以授桓雄也. 一神降衷 性通光明 在世理化. 弘益人間者 神市之所以傳檀君朝鮮也."(『소도경전본훈』) 이러한 '홍익인간'은 『삼국유사』'고조선' 조와 『삼성기』 상·하에서도 찾아볼 수 있다. "古記云. 昔有桓國 庶子桓雄 數意天下 貪求人世 父知子意 下視三危太伯 可以弘益人間 乃授天符印三箇 遣往理之 雄

능력이 있어 위대하니 협력과 참여를 통해 가정이나 지구촌을 따뜻하고 보람있는 곳, 조화로운 이상세계로 만들어야 한다'는 의미로 풀 수 있다.

'널리 인간 세상을 이롭게 하라'는 것은 풍요로운 생활만을 말하는 것이 아니다. 그러한 규범적 가르침만이 아니라 이상적인 인간상, 곧 '홍익하는 인간' 소위 홍익 '인간'이 되라는 것이다. 홍익인간은 천지의 뜻과 큰 이상을 마음에 새기어 이를 펼치고 생활화하는 참 사람을 말한다.[5]

그렇다면 홍익문화는 인간세상을 이롭게 하는 홍익인간의 문화이다. 환웅께서 '천부인을 지니고 오사五事[6]를 주관하여 세상을 다스려 깨쳐 주고 인간세상을 널리 이롭게 하며 신시에 도읍을 정해 나라 이름을 배달로 함'[7]으로써 바로 홍익문화가 이 세상에 베풀어진 것이다.

이러한 홍익문화의 근간은 우주 내 모든 존재가 '하나(一)'에서 세 개(三), 곧 하늘(天) 땅(地) 그리고 사람(人)의 삼극三極으로

率徒三千 降於太伯山頂神壇樹下 謂之神市 是謂桓雄天王也. 將風伯雨師雲師 而主穀 主命 主病 主刑 主善惡. 凡主人間三百六十餘事 在世理化."(『삼국유사』) "桓國之末 安 巴堅下視三危太白 皆可以弘益人間 誰可使之 五加僉曰庶子 有桓雄勇兼仁智 嘗有意 於易世以弘益人間 可遣太白而理之 乃授天符印三種 仍勅曰 如今人物業已造完矣 君 勿惜厥勞 率衆三千而往 開天立教 在世理化 爲萬世子孫之洪範也."(『삼성기』하).

5) 안경전 역주, 앞의 책, 164쪽.

6) 主穀 主命 主病 主刑 主善惡을 말한다.

7) "後桓雄氏繼興 奉天神之詔 降于白山黑水之間 鑿子井女井於天坪 劃井地於靑邱 持 天符印 主五事 在世理化 弘益人間 立都神市 國稱倍達."(『삼성기』上)

나뉘어진다(析)는 데서 출발한다.[8] 하늘과 땅과 사람이 '하나'의 뿌리로부터 나왔다는 사실은 홍익문화의 출발점으로 중요한 의미를 지닌다. 모든 존재들은 조화를 이루면서 완전한 '하나'를 이루어야 하기 때문이다. 곧 모든 존재들 간 조화를 이루는 것이 홍익문화의 본질이고 건강한 생명의 질서로서의 평화인 것이다.[9]

홍익문화는 하늘·땅·사람이라는 우주내의 모든 존재 사이에 이로움을 서로 나누어 주는 것을 기본 정신으로 한다. 홍익문화는 인간 개개인 사이, 국가 사이, 민족 사이의 조화와 상생을 지향하는 인류 보편의 문화이다.

또 이러한 조화로운 우주의 중심에 그 주체로서 사람, 곧 홍익인간이 존재하는 것이다.[10] 홍익문화는 홍익인간의 문화이다. 인간人間은 단순히 사람(人)만을 지칭하는 것이 아니라 인간人間, 곧 사람과 사람 사이 그리고 사람과 자연과의 사이로 형성되는 세상을 의미한다. 따라서 관계를 중시하는 인간관, '사이(間)'를 이롭게 하고 조화롭게 회복하는 문제는 홍익문화

---

8) "一始無始一析三極." 『천부경』의 핵심적인 내용이다(이승헌, 『숨쉬는 평화학』, 한문화, 2002, 130쪽).

9) 이승헌, 앞의 책, 21쪽.

10) 홍익인간 사상에서 사람은 '하나'의 근원성을 온전히 공유하고 자기 안에 하늘과 땅이 하나로 녹아 있는 존재로 존재들 간 조화를 이루어야 할 능력과 도덕적 책임감을 지닌 존재이다(김석진, 『대산의 천부경: 하늘 땅 사람 이야기』, 동방의 빛, 2010, 89쪽).

에서 중요하다. 자기와 다른 존재와의 '사이'는 공존, 공생을 넘어서 서로 서로 살리는 상생의 차원까지 이어지지 않으면 안되기 때문이다.

홍익문화는 조화와 화합을 중시하고 하늘과 땅과 사람이 모두 하나로 서로 분리될 수 없다고 보고 있다. 따라서 이상적 세계를 위해서 하늘·땅·인간 뿐만 아니라 사람과 사람, 사람과 자연 모든 존재가 상호 밀접하고 조화롭게 얽혀져 있는 관계로 상호 이로움을 제공하는 존재로 보는 것이 홍익문화의 본질이다.

단군 시대의 제천행사는 홍익문화를 드러내는 나라의 가장 큰 행사(國中大會)였다. 주변의 모든 부족장들과 백성들이 위세의 높낮음이 없이 지위고하를 막론하고 모두 이 홍익 대제전에 참석하였다. 이 때 사람들은 성소聖所인 소도에 있는 큰 나무(大木), 곧 신단수神檀樹 아래서 가무새신歌舞賽神을 행했다.

『삼국지』「위지 동이전魏志東夷傳」의 내용을 보자.

"항상 5월에 하종下種이 끝나면 귀신을 제사하는데, 무리지어 가무歌舞하고 음주飲酒하면서 낮밤(晝夜)으로 쉬지 않는다. 그 춤은 수십 인이 함께 일어나 서로 따르며 땅을 밟으면서 몸을 굽혔다가 일으켰다가 하는데, 손발이 상응相應하며 절주節奏하는 모습이 탁무鐸舞와 유사하다. 10월에 농사가 끝나면 역시 같이 한다."[11]

이른바 소도제천蘇塗祭天이다. 마시고 춤추며 노는 데도 철학이 있었다. 하늘에 감사드리고 천신天神(大祖神)을 경배했으며, 우주의 하늘·땅·인간에 대한 심오한 철학을 노래했다. 그리고 대동사회를 만들려 했고 재세이화·홍익인간을 행하자는 결의를 다졌다. 이 때 어아가於阿歌라는 노래도 함께 불렀다.

어아 어아 우리 대조신大祖神의 크나큰 은덕이시여!
배달의 아들 딸 모두 백백 천천 영세토록 잊지 못하오리다
어아 어아 착한 마음 큰 활 되고 악한 마음 과녁되네
백백 천천 우리 모두 큰 활줄같이 하나 되고
착한 마음 곧은 화살처럼 한 마음 되리라[12]

『단군세기檀君世紀』에도 이 홍익 대제전의 모습이 그려져 있다. "신시 이래로 하늘에 제사 지낼 때마다 나라 안의 사람들이 크게 모여 함께 노래 부르고 큰 덕을 찬양하며 서로 화목을

---

11) "常以五月下種訖, 祭鬼神, 群聚歌舞, 飲酒晝夜無休. 其舞, 數十人俱起相隨, 踏地低昂, 手足相應, 節奏有似鐸舞. 十月農功畢, 亦復如之."
12) "於阿於阿 我等大祖神 大恩德 / 倍達國我等皆 百百千千年勿忘 / 於阿於阿 善心大弓成 惡心矢的成 / 我等百百千千人 皆大弓弦同善心 直矢一心同 / 於阿於阿 我等百百千千人 皆大弓一 衆多矢的貫破 / 沸湯同善心中 一塊雪惡心 / 於阿於阿 我等百百千千人 皆大弓堅勁同心 倍達國光榮 / 百百千千年 大恩德 我等大祖神 我等大祖神."

다졌다. 어아가를 부르며(於阿爲樂) 조상에 대해 고마워하였으며 신인이 사방을 다 화합하는 식을 올렸다."[13] 이렇듯 제천의례는 모두가 어울려 어아가라는 제천가를 부르며 인류 대조신의 은덕을 영세토록 칭송하고 교감을 함께 나누는 홍익문화의 대제전이었던 것이다.

사람과 사람, 나라와 나라 사이의 서로 다름(差異)을 인정하고 존중하면서 교감을 나누며 서로 잘 어우러지고 있었다. 조화와 공존은 획일화가 아니다. 조화와 공존 더 나아가 상생을 이루기 위해서는 신뢰와 관용 그리고 배려가 필요하며, 이를 통해 사람이나 국가는 '하나'의 완전성을 현실세계에서 실천하고 구현하여 이 세상을 조화로운 곳으로 만들게 된다. 이것이 홍익문화의 평화적 이상이자 비전인 것이다.[14]

여기에서 인간은 단순히 신의 영광을 위한 피동적인 존재가 아니라 우주의 근본원리를 소유한 소우주적인 존재로 신인합일을 이룬 홍익인간이다. 그런 인간들이 나와 너가 다르지 않고 하나이며, 자신의 민족이 다른 민족과 다르지 않고 하나라는 것을 받아들이고 서로 조화를 이룰 때 새로운 생명의 탄생과 새로운 세상이 열리게 되는 것이다.

---

13) "神市以來 每當祭天 國中大會 齊唱讚德諧和 於阿爲樂 感謝爲本 神人以和 四方爲式 是爲參佺戒."

14) 김광린, "한중일 삼국의 천손문화와 평화사상", 『仙道文化』 제 11 권, 118-119쪽.

2. 고대 일본의 홍익문화

고대 일본문화에도 홍익문화의 흔적을 찾아볼 수 있는가? 신화는 기억의 흔적이다. 엘리아데Mircea Eliade에 의하면, 신화는 항상 태고적 '그 때'illum tempus를 염두에 두며, '원형原型' archetype을 담는다. 그 원형을 발굴하게 된다면 원형으로부터 일탈한 실태도 확인 가능한 것이다. 또 신화 속에 남겨진 그 편린들을 모은다면 원형까지도 엿볼 수 있게 된다. 일본 고대 홍익문화의 흔적도 이러한 신화를 통해 살펴보자.

그렇다면 『일본서기』와 『고사기』를 살펴보지 않을 수 없다.

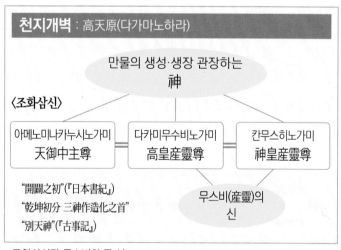

천지개벽 : 高天原(다가마노하라)

만물의 생성·생장 관장하는
神

〈조화삼신〉

아메노미나카누시노가미 天御中主尊	다카미무수비노가미 高皇産靈尊	칸무스히노가미 神皇産靈尊

"開闢之初"(『日本書紀』)
"乾坤初分 三神作造化之首"
"別天神"(『古事記』)

무스비(産靈)의
신

▪ 조화삼신과 무스비의 두 신

그 속에는 고대 일본의 신화가 가득 담겨있기 때문이다. 그 두 책에 나타난 일본 신화를 보면, 천상계(高天原. 다카마노하라)에 '조화삼신造化三神'이 첫머리를 차지한다. '조화삼신'은 아메노미나카누시노가미天御中主尊와 다카미무스비노가미高皇産靈尊 그리고 가무(혹은 가미)무스비노가미神皇産靈尊를 말한다.[15]

아메노미나카누시노가미는 천지, 천상계의 주재신主宰神이다. 나머지 두 신인 가무무스비노가미와 다카노무스비노가미는 만물의 생성·생장을 관장하고 있다. 곧 '무스비産靈(産巣日)'라는 이름을 지닌 신이다. 이 두 신에 천상계의 주재신 아메노미나카누시 신을 합쳐 세 신(三神)으로 한 것이다. 일본역사에서 하늘과 땅이 처음 열릴 때, 이 삼신은 조화의 머리였다. 개

---

15) 『일본서기』에 존귀한 신을 尊이라 하고, 나머지를 命이라 했다. 命은 다소 인격성을 띤 용어이다. 모두 '미코도'라 읽었으며 神이다. 일본에서 신을 '가미'(カミ)라 한다. 가미의 어원에 대해서는 '가가미'(鏡)의 생략이라는 설과 '윗 상'(上)과 동일 의미를 지닌다는 설, '隱身'의 생략이라는 설 등이 있다. '가미'는 선악, 귀천, 강약, 대소 그리고 초인적이냐 아니냐 하는 구분도 의미있지만, 그보다 어떤 의미에서든 위력있는 존재를 뜻한다. 우주 삼라만상 가운데 위력을 발현하는 것은 무엇이든 가미가 될 수 있다. 때문에 가미가 많을 수밖에 없다. 일본에는 야오요로즈노가미(八百万神)라는 관념이 있다. 八百万神은 신이 무수히 많다는 뜻이다. 실제로는 1천이 좀 넘는 신들이 보이고, 『고사기』에도 300개 이상의 신이 등장한다. 모토오리 노리나가(本居宣長. 1730-1801)는 신을 이렇게 정의했다. 광범위하게 받아들여지는 정의이다. "가미는 우선 옛 기록에 나타나는 하늘과 땅의 신이며, 또한 그 신들을 숭배하는 장소인 사원에 거주하는 정령들이다. 거기에 인간도 포함된다는 것은 말할 필요조차 없다. 그리고 조류, 짐승, 수목, 초목, 바다 같은 것도 포함된다. 옛날 관례로는 비일상적인 것, 초월적인 덕목을 지닌 것, 경외심을 불러 일으키는 것은 무엇을 막론하고 '가미'라고 불렸다." 졸고, "일본의 신관" 『동서양 신관』 참조할 것.

벽과 더불어 삼신이 함께 했고 일본의 신화도 '삼신'에서 시작되고 있다.[16)]

그러나 일본신화에서 이 조화삼신을 창조신으로 볼 수 있을까? 조화삼신 이후에는 신세 7대神世七代의 천신天神이 등장한다. 그들 중 가장 마지막의 부부신이 이자나기 신伊邪那岐命과 이자나미 신伊邪那美命이다. 그런데 이 부부신은 일본 열도의 많은 섬과 신들을 낳았다고 기록되었다.[17)] 곧 국토를 생성하고 많은 신들을 낳은 것은 이자나기와 이자나미 신인 것이다. 그렇다면 이 두 신에 창조신이라는 명칭을 다는 것이 더 어울린다.

『기기記紀』에는 타카미무스비 신이 무언가를 낳았다는 기술은 뚜렷하게 보이지 않는다. 가무무스비 신도 이자나기와 이자나미와 비교한다면 생산력이 크지 않다. 그런데 왜 일본의 신화는 이자나기와 이자나미에서 시작하고 않고 조화삼신에서 출발하고 있는가. 고려해 볼만한 내용이다.

이때 주목할 것이 앞서 언급했듯이 다카미무스비와 가무무스비에서 볼 수 있는 '무스비産靈'이다. '무스비'는 만물을 생성

---

16) "乾坤初分 參神作造化之首."(『고사기』)
17) 일본 신화에 따르면 이자나기와 이자나미는 14개의 섬을 낳아 일본 열도를 형성했다. 그 가운데 아와지 섬(淡路島)··혼슈(本州)·시코쿠(四國)·규슈(九州) 등의 섬, 돌·나무·바다·물·바람·산·들·불 등 삼라만상의 신들도 있었다. 또 이자나기는 쯔쿠시(筑紫)의 히무가(日向)에서 목욕재계를 행했는데, 이때 그의 왼쪽 눈에서는 태양의 여신 아마테라스를, 오른쪽 눈에서는 달의 신 츠쿠요미를, 그리고 코로는 바다의 신 스사노오를 낳았다. 이들을 미키코(三貴子)라고 부른다.

하는 신임을 뜻한다.[18] '무스(ムス)'는 '苔むす(고케무스. 이끼가 끼다)' '草むす(쿠사무스. 초목이 생기다)'의 '무스(ムス)'로 생명의 출현을 의미한다. '虫(무시)'는 그것이 명사화된 것이며, 사람들은 모두 남자(ムスコ. 무스코) 여자(ムスメ. 무스메)로 생을 받는다.[19]

'무스비'는 우리 표현대로 하면 산신産神, 삼신三神, 산신山神인 것이다. 오리구찌 시노부折口信夫는 무스비의 신을 '외래혼外來魂'이라 보았다. '국토의 밖에, 바다 저편에 영혼이 모여 있고, 거기에서 때가 되면 영혼이 건너온다. 궁정宮廷의 신앙에서는 천상天上에서 온다고 믿었다'고 하였다.[20] 도래하는 영혼의 소재에 대해서 바다 저쪽이라고 보든지 천상이라 생각하던지 모두 영혼은 일본열도에서 멀리 떨어진 다른 세계에 있다

---

18) '무스비'는 '무스' 곧 '무엇을 생성하는 것' '무엇을 낳는 것'에 '靈魂'을 뜻하는 '비'가 합해진 단어라고 하는 것이 本居宣長 이래 정설이었지만, 折口信夫는 이에 의문을 표시하고 '무스'라 하는 生産, 生育의 威力에 '비'가 붙었다기 보다는 '무스부(むすぶ)'라는 동사의 형태가 변하고 여기에 '비'라는 접속어가 붙었다고 보았다.

19) 折口信夫는 '産靈の信仰'(1952)에서 '무스비를 기술(技術)로 보았다.' 곧 인간의 신체에 영혼을 불어넣는 기술로 보고, 무스비는 기술, 무스비노가미(産靈神)는 기술자로 보았다. 또 安藤禮二에 의하면 折口가 무스비노가미를 '기독교적인 一神'으로 보았다고 하였다(安藤禮二, "産靈論序說", 『現代思想』39-6, 青土社, 2011, 143쪽).

20) 折口信夫, 『神道槪論』, 1946, 173쪽. 타계에 있는 영혼의 종류도 다양하다. 天子에는 천자의 영혼, 족장에는 족장의 영혼이 결정되어 있다. 태어난 신체에 적절한 영혼이 들어가는 경우에만 인간은 성장한다고 믿는다. 이렇게 영혼을 불어넣는 것이 무스비의 기술이다. 인간의 생명에 관련된 이러한 신성한 기술을 베푸는 것을 보면 한민족의 三神(産神)과 유사한 면이 있다. 또 본문에서 고찰하는 외의 다른 의미도 있다. 영혼을 태어날 때부터 신체에 內在한 것으로 보지 않고 밖에서와 신체 안에 들어간다는 뜻이다.

고 믿었던 것이다. 더 나아가 '천황과 천황의 계도系圖와 연결하여, 그 계도의 출발에 위치한 선조신[=天照大神]은 참된 신(眞神)이 아니다'[21]라고까지 하였다.

그런데 이처럼 '무스비'의 두 신 모두가 한민족과 관련되었다는 점은 주목할 만하다.[22] 메이지 시대 역사학자 구메 구니다케久米邦武는 일본의 "신도가 제천祭天의 옛 풍속"이라 지적하였다.[23] 또 "일본 천황들은 아마테라스오오가미天照大神을 모시고 제사지낸 것이 아니었다. 고대의 왜한倭韓은 모두 동일한 천신을 제사지냈다. … 고조선 시대에 영고, 동맹과 마찬가지로 일본천황들도 니나메사이新嘗祭[24]를 지냈다"고 했다.

그는 일본 천황들이 본래 제사에서 받들던 신이 소도에서 제천 때에 받들었던 천신이었음을 지적했다. 오늘날 알려진 것처럼 일본의 시조신이자 천황가의 황조신皇祖神인 아마테라스오오가미가 아니라는 말이다. '일본은 경신敬神의 나라이며, 일본의 신도는 제천보본祭天報本에서 생겨난 풍속이다. 하늘을

---

21) 安藤禮二, "産靈論序說", 『現代思想』 39-6, 靑土社, 2011, 142쪽

22) 본고는 다카미무스비 신에 대해 주로 논하고 있다. 가무무스비 신은 이즈모대사(出雲大社)와 관계있는 신으로 신라의 소시모리에서 이즈모로 건너온 스사노오노미코도와 관련되어 있다.

23) 久米邦武, "神道は祭天の古俗", 『史學會雜誌』 10-12월, 1891.

24) 일본에서 고대부터 행해진 제사로 벼의 수확을 경축하고 이듬 해의 풍년을 기원하는 의식이다. 홍윤기는 이 제사에서 백제신 神主를 모셔오는 祝文인 '가라카미韓神'가 읽혀진다고 하였다("백제왕족 후지와라가문의 사랑 '가스카대사' ", 세계일보, 2008.5.14.).

받들며, 천신의 아들(天子)을 나라의 제帝에 봉하고 제정일치의 다스림을 행한 것이다.'

초대 신무神武 천황이 최초로 제사지냈던 신도 아마테라스가 아니었다. 타카미무스비였던 것이다.[25] 이 신은 천손강림 신화에서 아마테라스와 함께 천손天孫에게 강림을 명(司令)한 최고신이다. 『고사기』에는 그 둘이 같이 명했지만, 고대문학의 니시미야 카즈타미西宮-民는 원래의 사령신司令神은 타카미무스비(=高木神)였다고 했다.

『고사기』와 『일본서기』에 기록된 천손강림의 장면을 세밀히 분석해 보자. 그러면 천손강림의 사령의 주체가 아마테라스라기 보다는 타카미무스비였음이 뚜렷하게 나타난다. 타카미

■무스비의 신상神像

----

25) 武澤秀一, 『伊勢神宮の謎を解く-アマテラスと天皇の'發明'』, ちくま新書, 2011, 57쪽.

무스비가 황손 니니기노미코도를 일본열도에 내려 보내려고 할 때, 타카미무스비은 여러 신들에게 이렇게 말했다. "위원중국[=일본열도]은 바위뿌리, 나무그루, 풀잎도 말을 한다. 밤에는 불처럼 환하고 낮에는 파리떼처럼 들끓는다"라고. 그러면서 "옛적에 아메노와카히코天稚彦을 위원중국에 보냈었다. 지금 오랫동안 돌아오지 않는 것은 국토의 신[26] 중 반항하는 자가 있어서인가" 라고 말했다.

그 후에 타카미무스비는 황손 니니기를 내려 보냈다. 그때 내려온 곳이 다카치호高千穂의 소호리 산添山峯이다.[27] 다카미무스비 신은 황손을 내려 보내 이 땅에 임금으로 삼으려 하면서, 그 이전에 이즈모에 다른 신을 내려 보내 국토를 이양받아 평정하고 있다.

이즈모에 내려온 신은 오호아나무치大己貴神[28]를 만나 이렇게 물었다. "그대는 장차 이 나라를 천신에게 바치겠는가?" 그리고는 국토를 이양받았다. 그렇다면 국토이양을 받은 것도 타카미무스비 신인 것이다.

또 신무천황은 큐슈 남쪽에 살다 동쪽으로 정벌(神武東征)을 시작한다. 그 전인 45세 때 신무 왕은 여러 형과 아들들에게

---

26) 國神을 말한다. 일본의 신화를 보면 고천원의 천신들이 일본열도 각 지역에 있었던 국신들을 제압해 나가는 장면들이 많다. 일본의 고대국가 형성과정에 천신과 국신이 갖는 의미를 고려하는 것도 중요하다.

27) 신라의 왕도 徐伐을 음역한 것이다.

28) 大國主神, 大物主神이라 한다.

"옛날 우리 천신인 고황산령존"을 언급하고 있다. 동쪽으로의 정벌에 앞서 타카미무스비 신을 내세웠고, 이후 그가 만난 국신國神들을 복속시켜 나갔다.[29]

신무천황이 야마토 지역으로 들어갈 때도 저항이 거세었다. 기이紀伊 반도 남쪽 행상을 돌아 쿠마노熊野 지역에서 숲을 헤치고 야마토로 가려 했을 때도 저항이 만만치 않았다. 그런데 어느 날 천향산天香山의 흙으로 신주神酒를 넣는 성스러운 병을 만들고 천신지기天神地祇에 제사를 지내라는 꿈을 꾸었다. 그는 "지금 나는 몸소 타카미무스비노미코도를 나타내기로 하겠다

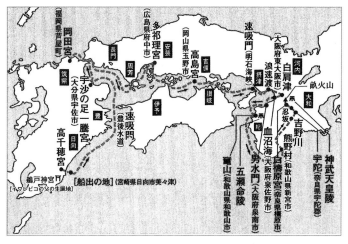

■ 신무천황의 동쪽 정벌 루트

---

29) 동정에 나서에게 "너는 누구냐?"라 하자 "신은 국토의 신입니다"라고 대답(66쪽)... 요시노에 도착했을 때도 사람이 우물에서 나오자 천황이 너는 누구냐고 묻자 "신은 국신으로..."(71쪽)

[顯齋]"[30]고 하며 산중에 제단을 설치하고 천신을 제사했다.

　"'천신을 교사郊祀하여 대효를 밝히려 한다.'라고 말하였다. 신들에게 제사지내는 곳을 조견산鳥見山 속에 짓고..... 그리고 황조천신을 제사지냈다."[31]

　그러면 여기 모셔졌던 황조의 신인 천신天神은 누구였을까? "지금 나는 타카미무스비를 제사하고"를 생각해 본다면 타카미무스비로 봄은 큰 무리가 없다. 타카미무스비에 대한 제사가 아마테라스 제사에 선행先行하였던 것이다.

　23대 현종顯宗 천황 3년 조도 기억할 만 하다. "나의 선조 고황산령이 미리 천지를 만드신 공이 있다"고 했고, 또 "반여의 전지를 나의 선조 고황산령에게 바치라"고 하였다.[32] 곧 '천지창조의 시기 하늘에서 내려와 처음에 나라를 세운 신'은 타카미무스비노미코도였다.

　이러한 타카미무스비 신은 궁정의 수호신으로 팔신전八神殿

<hr />

30) 天皇大喜。乃拔取丹生川上之五百箇眞坂樹以祭諸神。自此始有嚴 之置也。時勅道臣命。今以高皇産靈尊，朕親作顯齋。〈顯齋。此云于圖詩怡破毘。〉用汝爲齋主。(『일본서기』). 신무 천황의 실재는 의문이 있지만, 야마토 왕권의 초대 왕으로 보이는 숭신 천황의 事蹟을 신무 천황에 가탁했을 가능성이 있다.

31) 神武天皇四年(甲子前六五七)二月甲申《廿三》. 可以郊祀天神用申大孝者也。乃立靈時於鳥見山中。其地號曰上小野榛原。下小野榛原。用祭皇祖天神焉。(『일본서기』)

32) 於是月神著人謂之曰。我祖高皇産靈有預鎔造天地之功。..... 日神著人，謂阿閇臣事代曰。以磐余田獻我祖高皇産靈。(『일본서기』)

에도 모셔졌다. 『일본서기』를 보면, 이 신은 아마테라스와 관계없이 지상을 지배하는 군주를 내려 보내는 역할을 담당했다. 또 궁정에서도 아마테라스를 모시기 이전에도 이 신이 중심에 모셔지고 있었다.[33]

궁중 삼전宮中三殿.
현소賢所, 황령전皇靈殿, 신
전神殿을 말한다.

---

33) 이 때문에 타카미무스비 신이 천황가의 선조신이자 수호신이지 않았을까 하는 해석도 있다.

5세기 후반기부터, 야마토 왜는 강성한 고구려로 인해 위기를 맞으면서 변신을 꾀했다. 당시 강대국이었던 고구려와 같이 전제적 통일권력을 확립하기 위해 노력했다. 이를 위해 그 정신적 핵심으로 지고의 '천天'에 유래하는 왕권사상을 도입하였다. 야마토 왜의 왕은 고구려의 왕과 같이 '천제지자天帝之子'가 되고 싶어 했다.

477년에 웅략 천황은 제사장祭祀場(祠)을 이세伊勢에 만들었다. 『일본서기』에 이세에 모셔진 국가 최고신은 웅략 이전, 줄곧 이세대신伊勢大神(또는 日神)이었다. 그 내용은 타카미무스비였다.[34] '이세대신伊勢大神'인 국가 최고신인 타카미무스비노미코도를 제사했던 것이다.

타카미무스비 신은 "고구려 경유의 태양신 타카미무스비 신으로, 별명이 타카키高木의 신"이었다.[35] 이 최고신은 '하늘'과

---

34) 『일본서기』는 웅략, 계체, 흠명의 代에 이세에서 제사모셔졌던 신을 '이세대신'이라 표기했다. 이를 보통 아마테라스 신과 일찍 합쳐놓았다. 그러나 당시 '아마테라스'는 아직 성립하지 않았다. 또는 이세대신은 이세 재래의 지방신이 아닌가 하고 생각했을 수도 있지만, 이세의 재래신은 외궁에 모셔졌다. 이세대신은 실은 웅략이 모셨던 국가 최고신 타카미무스비였다. 그러면 왜 『일본서기』는 타카미무스비를 이세에서 모셨던 것을 명시하지 않고, 이세대신이라 했는가. 사정은 복잡하다. 이세신궁에는 줄곧 아마테라스가 모셔지고 있었다고 생각토록 하는 것이 『일본서기』의 의도였을 것이다. 거기에는 저항도 있었다고 생각한다. 야마토 조정에는 타카미무스비 계통의 신을 제사하는 유력한 호족-大伴(오오토모)씨, 忌部(인베)씨, 物部(모노노베)씨, 中臣(나카토미)씨 등-이 있었다(溝口, 전게서). 그들의 입장에도 배려가 필요했다.

35) "是高木神者,高御産巣日神之別名."(『고사기』) 『고사기』에는 高御産巣日(타카미무스비), 『일본서기』에는 高皇産靈(타카미무스비)로 표기되었다. 『고사기』는 이

연결된 수직적인 지고신이었다. 큰 나무(高木)을 신체神體로 한 '고목의 신'이라고 불려졌다. 이 타카미무스비는 고목高木으로 상징되었다. 고목高木은 돈독한 신앙의 대상이었다. '고목의 신'은 야마토 왕권에서 스스로 도입한 외래의 태양신 타카미무스비였다. 그리고 웅략 천황의 시대에는 이미 들어와 있던 신이었다. "이 나무는 신목神木이다. 이 나라는 목국이다."[36]

타카미무스비는 천손강림의 신화와 함께 대륙에서 들어온 외래신外來神이었다.[37] 타카미무스비는 밖에서 온(外來) 신이다. 타카미무스비는 밖, 곧 대륙을 원향原鄉으로 하는 지고신이었다. 타카미무스비가 맡은 '천天'은 대륙, 그리고 고구려라는 북방 유라시아 유래의 관념인 것이다. 5세기 초두, 고구려는 대륙을 제패한 강대한 패권국가였다.[38]

『일본서기』에는 초대 신무천황이 즉위하기 직전 해에 치세의 뜻을 밝힌 기록이 있다.

신의 별명을 '高木의 神'으로 하고, 이 이름이 나오는 장면도 많다. 이 고목은 동북아 소도에 세워졌던 신단수神檀樹였던 것이다.

36) 景行天皇十八年(戊子八八)七月甲午 爰天皇問之曰。是何樹也。有一老夫曰。是樹者歷木也。嘗未僵之先。當朝日暉。則隱杵嶋山。當夕日暉。亦覆阿蘇山也。天皇曰。是樹者神木。故是國宜號御木國。(『일본서기』)

37) 武澤秀一,『伊勢神宮の謎を解く-アマテラスと天皇の'發明'』, ちくま新書, 2011, 60쪽.

38) 패자가 된 왜국은 승자를 받드는 강고한 왕권신화를 취해, 자국의 왕권보강을 기도한다. 이러한 경위로 타카미무스비가 왜국에 도입된 것이다.

"내가 동쪽 정벌을 시작한 때로부터 6년이 지났다. 그 동안 천신의 신위를 빌어 흉도를 주륙할 수가 있었다. 변경의 지방은 아직 진정되지 않고 있고 잔적殘敵은 아직 강력하지만, 그래도 나라의 중앙부에는 아직 풍진風塵도 일어나지 않도록 평정되었다.

그러므로 지금 황도를 열어 궁전을 지우려 한다. 그러나 세상은 아직 미개하고 어둡지만 민심은 소박하다. 저들은 나무 위나 굴에서 살면서 습속은 그대로이다. 대인이 제도를 세우려 할 때에는 반드시 시세에 적합한 도리에 근거를 둔다.

그러므로 진실로 백성에게 이로움이 있다면, 어찌 대인이 행하는 일에 거리낌이 있겠는가. 마땅이 산림을 개척하고 궁실을 경영하여 삼가 보위에 올라 백성을 다스릴 것이다. 위로는 나라를 주신 덕에 보답하고, 아래로는 황손의 덕치 정신을 넓히리라. 그리고 난 뒤에 육합六合(국내)[39]을 하나로 통일하여 국도國都를 열고, 팔굉八紘(천하)을

---

39) 文選 吳都賦에 '覽八紘之洪緒 一六合而光宅' 등이 있다.(坂本太郎, 家永三郎, 井上光貞, 大野晋 校註, 『日本古典文學大系 日本書紀』 상(1967), 하(1965), 岩波書店, 212쪽; 전용신, 『완역 일본서기』, 일지사, 2005, 80쪽 재인용). 이자나기와 이자나미는 함께 의논하여 "우리가 이미 대팔주국(일본열도)과 산천초목을 낳았다. 어찌 천하의 주인될 자를 낳지 않겠는가" 라고 하여 日神을 낳았다. 大日孁貴라 하였다(오호히루메노무치. 일서에 천조대신이라 하였다. 일서에 천조대일영존이라 했다) 이 아이는 광채가 찬란하여 六合(고사기에도 나오는데 四方과 上下를 말한다. 천하 또는 전국을 말한다)의 안을 밝게 비쳤다. 둘이 기뻐하여 "오래 이 나라를

일우-宇로 하는 것이 좋지 않겠는가.

　이곳에서 일망-望하면, 저 우네비 산畝傍山 동남 쪽 가시하라橿原 땅은 나라의 가운데에 있다. 도읍을 할 만하다."[40]

　신무천황이 동쪽을 정벌(神武東征)한 뒤에 도읍을 정하면서 했던 말이다. 신무 왕이 실존 인물인가에 대해서는해 논란이 많다. 또 신무 왕이 동쪽으로 정벌한 것이 기마민족이 일본열도를 정벌한 모습의 흔적이라 보는 사람들도 있다. 그러나 여기서의 '천신'은 한반도로부터 들어온 외래신 다카미무스비로 보는 것은 어렵지 않다. 그는 천신 타카미무스비 신의 신위에 의지해 일본열도를 평정했다. 그리고는 도읍을 정해 백성들에게 이로움을 주기 위해 정치하고 있다.

　"兼六合以開都, 掩八紘而爲宇, 不亦可乎."

에 둘 수 없다. 마땅히 빨리 하늘에 보내어 천상의 일을 맡아보게 하여야겠다"고 하여 보냈다. 다음 월신을 낳고 하늘에 보내고, 다음 스사노오는 根國로 축출하였다.(전용신 7쪽)

40) "自我東征於玆六年矣。賴以皇天之威。凶徒就戮。雖邊土未淸。餘妖尙梗。而中洲之地無復風塵。誠宜恢廓皇都規大壯。而今運屬此屯蒙。民心朴素。巢棲穴住。習俗惟常。夫大人立制。義必隨時。苟有利民。何妨聖造。且當披拂山林。經營宮室。而恭臨寶位。以鎭元元。上則答乾靈授國之德。下則弘皇孫養正之心。然後兼六合以開都。掩八紘而爲宇不亦可乎。觀夫畝傍山〈畝傍山, 此云宇禰縻夜摩。〉東南橿原地者。蓋國之墺區乎。可治之。" (『日本書紀』卷三神武天皇卽位前紀)

곧 '일본열도를 통일하여 도읍을 열고, 세계(八紘)를 한 집(一家)으로 만들겠다'는 의지이다. 일본열도에 홍익문화를 펴겠다는 다짐이기도 하다. 당연히 이러한 팔굉일우의 대조신은 아마테라스가 아닌 타카미무스비노미코도였다. 신무천황의 홍익문화를 상징하는 '팔굉일우'의 이념은 야마토 왜의 출발(肇國)의 정신이 되었고, 일본의 역사를 이끄는 근본적인 힘이 되었다.

3. 홍익문화의 전개와 왜곡 재생산

　일본역사에서 홍익문화가 드러난 대표적 사례는 성덕태자聖德太子(574-622)의 시기에 찾아볼 수 있다. 태자는 '화和'를 강조하였다. 『일본서기』에 의하면, 추고推古 천황 12년(604)에 성덕태자는 '헌법 17조'를 제정했다.[41]

　그 항목 중 몇 가지 주요한 내용을 살펴보면 다음과 같다.

----

41) 전용신, 『완역 일본서기』, 일지사, 383쪽. 우익철학자 우메하라다케시(梅原猛)는 화의 근원을 성덕태자 이전으로 거슬러 올라가 죠몬기의 사상적 고유성에서 찾으려 한다. 또 여러 가지 이유로 '헌법 17조'의 위작 가능성을 제기하는 사람도 많다(이광래, "일본사상의 원형으로서 '화'의 고고학-성덕태자의 '헌법 17조'를 중심으로-", 『강원인문논총』, 214쪽). (헌법 17조의 위작설에 대해서 다음과 같은 견해들이 있다. 『일본서기』 추고천황 12년조를 보면 성덕태자가 헌법 17조를 제정한 것으로 되어있다. 이에 대한 의심도 많다. 먼저 문체상으로 볼 때 일본서기의 작자가 그것을 윤색했다고 주장하는 사람(狩谷披齊), 당시 금석문과 비교해 볼 때 문체가 다르다고 주장하는 사람(榊原芳野), 또한 헌법이 태자 당시에 작성되었다 하더라도 집필자는 그의 스승이었던 고구려의 승려 惠慈이거나 覺哿박사였을 것이라 주장(久米邦武)도 있다. 또한 당시 사회조직형태로 보면 의심이 간다. 『일본서기』에 기록된 12조를 보면 '國司나 國造는 백성에게 세금을 과도하게 거두지 말라'는 구절이 있다. 그러나 당시 씨족제도 시대에 국사나 국조라는 官司는 존재하지 않았을뿐더러 아직도 정치적 지배자의 의식속에 백성에 대한 그와같은 배려가 불가능하였다(直木孝次郞, 岩崎允胤). 더구나 國司는 大化改新 이전에는 없었으며 國司 설치 이후에 國造는 정치적 지위를 상실했으므로 양자를 함께 기록하는 것은 이치에 맞지 않는다(村岡典嗣). 群卿百寮나 國麻二君이라는 단어도 대화개신 이후의 관제에서 보이는 것이므로 그것은 적어도 대보율령(701) 시행 이후 일본서기 편자에 의해 가필 윤색된 것일 수 있다(村岡典嗣, 直木孝次郞).

"1조. 화를 귀하게 여기며, 사람과 거슬리지 않을 것을 근본(宗)으로 하라. 위로 화和하고 아래로 목睦하면 일은 자연이 사리에 맞아 무슨 일이라도 성취할 것이다.

4조. 벼슬하는 모든 사람들은 예법을 기본으로 하라.

5조. 탐욕을 끊고 욕망을 버리며 소송을 공명하게 가려라.

6조. 악을 징계하고 선을 권하는 것은 예로부터 좋은 가르침이다.

9조. 믿음(信)은 사람이 행하여야 할 길의 근원이다.

10조. 마음에 분함을 품고 그것을 얼굴에 나타내지 마라.

15조. 사심私心을 버리라. 사람은 사심이 있으면 반드시 타인에게 원한의 마음을 일으킨다.

17조. 대저 일은 독단으로 행해서는 안 된다. 반드시 여러 사람이 의논하여 행하라."

당시 국제정세를 보면, 삼국과 당 그리고 일본이 서로 대립하고 있었다. 종교적으로도 신神·유儒·불佛이 복잡하게 얽혀 있는 상황이었다. 이러한 때에 성덕태자는 국가통합 이념으로서 '화'를 내세웠던 것이다. 성덕태자의 궁극적인 '화'의 이상은 천황을 중심으로 한 통일국가 건설을 의미했고, 이 때 통일이란 무엇보다도 불교를 국시로 삼아 윤리적으로 완성된 국가를 뜻했다.

이를 위해 그는 '관위官位 12계階'를 제정하여 정치적 통일의 기초와 면모를 닦은 뒤, 이어서 이듬해에 '헌법 17조'를 제정하여 '화'를 강조했던 것이다. 일본을 지칭하는 '야마토大和'는 '위대한 화'를 가리키고 일본민족의 심층심리에서 작동하는 심적 에너지가 되었다.

화의 정신은 만물일체를 형성하는 '위대한 화'(大和)에 있고, 일본사회의 중심 구성원리였다. 이후 이러한 화의 도덕이 일본역사에서 일관되게 이어져 왔다. 일상생활에서도 화의 정신은 벗어나지 않는 인륜의 길이었다. 이런 화는 불교에만 국한

▬성덕태자와 2왕자들. 태자의 허리에는 두명의 황자皇子가 함께 있다.

되어 나온 것이 아니다.[42]

성덕태자의 아버지 용명用明 천황은 신·유·불 모두를 적극적으로 수용하려 했다. 또 이복형제였던 민달敏達 천황도 불심이 매우 깊었지만 신도를 외면하거나 소홀히 하지 않았다. 『일본서기』는 그가 오히려 신도를 존중하여 "信佛法 尊神道"라고 기록하였다.

『일본서기』의 숭준崇峻 천황 때를 보면 소가노우마코蘇我馬子가 성덕태자와 더불어 모노베物部와 결전을 벌이는 장면이 나온다. 이때 16세의 성덕태자는 사천왕사四天王寺를 만들고 '우케히誓言'를 행하였다. 우케히는 예로부터 신들에게 기원하는 의례다. 그것은 신의神意와 신력神力을 세상에 실현시키기 위한 전통적인 기원의 의식이다.

추고천황 15년에는 성덕태자의 신기제사에 관한 이야기도 기록되어 있다. 천황은 일련의 불사佛事를 기뻐한 나머지 그 이듬해 2월 성덕태자와 대신들을 데리고 천지, 산천초목의 신들에게 신기제사를 엄숙히 올렸다는 내용이다. 『일본서기』의 기록대로라면, 예불과 더불어 신기제사를 행했던 것이다. 불법

---

42) "성덕태자가 화를 중시하는 것은 당시의 사회생활을 기조로 하는 것이지만 調和에 대한 중시는 이미 원시불교에서 표명된 바 있다. 성덕태자가 무엇보다도 먼저 禮와 무관하게 和를 원칙으로 주장하는 것은 사실상 불교의 자비의 입장을 나타내는 것이라고 말할 수 있다. 佛典에도 '和敬' '和合'이라는 단어가 자주 사용되고 있다."(中村元, "聖德太子と奈良佛教", 『성덕태자』, 中央公論社, 1970, 42-43쪽).

과 신도를 병용하는 치세의 전형을 보여준다.

또 성덕태자는 황태자에 오르기 이전에 이미 고구려의 승려인 혜자惠慈에게 내전內典(佛典)을, 그리고 각覺박사에게 외전外典(漢籍)을 배웠다.[43] 그의 사상이 형성되는 과정에서 유교와 불교가 일찍부터 조응되고 있음을 보여주는 것이다.[44] 이렇듯 성덕태자는 신·유·불 삼교를 융합시켜, 특히 불교와 같은 보편종교를 중핵으로 하는 새로운 사유와 문화의 원형을 만들어내고자 하였다.[45] 이것이 야마토주의大和主義이고, 이를 통해 신기신앙이 지배하는 야마토 왜에 적합한 새로운 통일적 질서를 부여하려 했다.

그러나 7세기에 들어서면서 상황은 급변했다. 한반도에서 백제와 고구려가 멸망하면서 주변 정세가 급변해 나갔다. 천무天武 천황(40대. 673-686)은 임신의 전쟁(672)에서 승리하여 천황의 자리에 올랐다. 천무 천황 직전의 천지 천황은 제명 천

---

43) 『上宮聖德法王帝說』

44) 이광래, 222쪽

45) 불법도 日神 못지않게 眞神으로서 강조하기 시작한 것은 역시 성덕태자에 이르러서이다. 『일본서기』는 그의 출생부터 죽음에 이르기까지 신, 유, 불 삼교통합자로서 여러 가지 신비전승과 기담을 전하고 있다. 성덕태자를 단지 신불습합의 주체로서만이 아니라 和의 화신으로 상징화하기 위해서는 신, 유, 불 삼교통합자로서 설명하는 것이 좋았다. 때문에 혹자는 그를 가리켜 '화국(和國)의 교주(敎主)'라고 부른다. 성덕태자의 삼교조화의 정신을 강조함으로써 그를 '和國의 敎主'로 그려냄으로써 외래문화를 포용하고 조화하는 일본민족과 문화의 특성을 암시적으로 나타내기도 한다(笠原一男 編, 『일본종교사』(1), 山川出版社, 1977, 50쪽; 이광래, 230쪽).

황의 뜻을 이어 백제의 부흥과 원조를 위해 동분서주했다. 그러나 이제 백제가 멸망한 마당에 야마토 왜의 정체성은 흔들릴 수 밖에 없었다.

권력을 장악한 천무 천황은 전대 이래의 모든 제도를 일신하여 나갔다. 모든 것을 새로 바꾸고 새 틀을 짰다. 토착화된 귀족세력을 억누르고 중앙집권정책을 강력하게 추진하였다. 의복령을 제정하고 관위제도 바꿨고 문무관文武官 선임제, 호적 및 일력의 제정과 사용, 성씨제 실시, 불교행정의 개혁, 승마제 실시, 국가 기본법(율령:‘大寶令’) 편찬(701) 등 행정전반을 개혁해 나갔다.

뿐만 아니다. 왕경을 조영하고, 도읍도 옮겼다(694). ‘천황’이란 호칭도 ‘천황대제’에서 차용하여 공식적으로 사용하기 시작했다. 천황대제는 자미원을 구성하는 자리, 하늘의 성스러운 황제를 말한다는 천황대제별인 북극성을 말한다. 천황은 ‘북신北辰의 별’ 곧 북극성을 신령화한 용어였다.[46] 『일본서기』나 『고사기』에는 607년부터 천황칭호가 사용되었지만, 공식화된 것은 이 때 곧 천무조부터였다.

야마토 왜는 ‘새로운 천황’ 중심의 ‘새로운 역사’를 만들기 시작했다. 670년에는 아예 국호도 ‘일본’으로 바꾸어 버렸다. 『삼국사기』를 보면, 문무왕 10년(670) 12월에 “왜국이 이름을

---

46) 김후련, “日本古代における伊勢信仰の成立と王権との関係”『일본연구』 22호, 136쪽.

고쳐 일본日本이라 하고 스스로 '해 나오는 곳에 가까워 이처럼 이름을 지었다'"고 했다.[47] 역사편찬 작업도 시작하여 720년 『일본서기』가 편찬되었다. 『일본서기』는 일본 정부에서 편찬한 최초의 정사正史로 일본의 신대神代부터 지통持統 때까지(초기-696) 기록되었다.

이렇게 천무조 때 한반도의 흔적을 지우고 독자의 일본역사와 문화를 만들기 시작하면서 홍익사상도 왜곡의 길을 걸을 수밖에 없었다. 먼저 큰 변화는 국가 최고신이 타카미무스비에서 아마테라스로 전환轉換되었다. 아마테라스는 '황조신'으로도 세워졌다.

그러면 아마테라스는 어떤 신이었는가?[48] 아마테라스는 직전織殿에 살던 신의 옷을 짜는, 직희織姬였다. 『일본서기』는 '천석굴天石窟' 신화에서, "천조대신이 신의神衣를 짓는(織) 재복전齋服殿에 살고 있다"고 했다. 일서一書에도 또 일日의 신神은 "織殿(하타도노)에 살고 있다"[49]고 하였다. 신을 위해 옷을 짓는

---

47) "文武王十年十二月, 倭國更國號日本 自言近日所出 以爲名"(『三國史記』 '신라본기'). "日本國者 倭國之別種者 以其國在日邊 故日本爲名"(『舊唐書』).

48) 아마테라스 神名을 둘러싸고 『일본서기』에는 다양한 표기들이 나타나고 있으며, 대략 다음과 같은 4단계이다. ①日の神 : 자연신으로서 태양신. ②大日靈貴·大日靈尊(오호히루메노미코도) : 히루메에 존칭이 붙어있는 형태로, 자연신이 여성에 본뜬 인격신. ③天照大日靈尊(아마테라스오호히루메노미코도) : '天照らす日女(히루메)の命(미코도)'. ④천조대신 : '天に照り輝きたまう'라는 보편성을 의미하는 형용이 명사화되고, 황조신으로서 결정적인 존귀성이 명확히 나타난다. 태양을 모체로 한, 히루메로부터 최고위에 오른 여성신이다.

49) "又見天照大神, 方織神衣居齋服殿." "日神居織殿時"(『일본서기』)

'히루메=일日의 처妻', 이러한 전신前身을 최고신 아마테라스가 갖고 있었던 것이다.[50]

천무'천황'도 '황조신' 아마테라스도 출현했다. 천무천황은 새롭게 황조신를 발안하고, 국가신을 제사하는 장이면서 오래도록 재왕 부재의 상태에 있던 이세신궁에 '황조신' 아마테라스를 진좌시키는 것으로 황통의 기원을 명확히 했다. 그리고 자신의 딸을 재왕으로 파견하고, '황조신'을 제사하기 시작했다.

그러함으로서 황손, 곧 신의 자손으로서의 '천황'-결국 천무의 입장-을 구체적으로 근거지웠던 것이다. '천황'의 혈통상의 선조를 '황조신'으로 규정하고, 이를 국가 최고신에 위치 부여함으로써, 황조신의 자손(황손)인 천황이 사람이면서 신神이라는 사실을 알려주었다. 육신을 가진 신, 곧 현인신現人神(아라히토가미)의 탄생이다. 이에 의해 천황은 왕과는 차원이 다른 존재가 되는 것이다.

타카미무스비가 아마테라스로 자리를 바꾸면서, '한韓'(가라)의 흔적도 지워지고 있었다.[51] 일본의 종교, 사상, 철학, 문화의

---

50) 아마테라스의 전신인 '織姬'로서 히루메=日의 처'가 짜는 神衣는, 남신 타카미무스히에게 입히는 옷이었다는 추론도 가능하다.

51) '야마토'의 창출에는 언제나 '한'의 흔적을 말소시키는 수순이 필요했다. 가령 스사노오는 최초의 '한'의 흔적이다. '한'의 말소는 과거의 한 때에 일어난 일회성의 사건이 아니라 역사를 통해서 그 모습을 바뀌가면서 반복 재현되어 왔고, 지금도 빈번히 발생하고 있는 것이 현실이다(김태창, "'한'과 '야마토': 그 사이의 상극·

심층에 스며들어 있던 한韓, 가라의 흔적은 일본인이 자기정립을 위해 역사적, 조직적으로 '한'의 흔적 지우기가 행해졌다.

일본 국학의 대성자 모토오리 노리나가本居宣長(1730-1801)는 야마토고코로大和心, 야마토다마시이大和魂를 밝히기 위해서는 무엇보다 먼저 '가라고코로'(=한마음)의 흔적을 말소해야 한다고 강조했다. 이때 '야마토'적인 것은 곧 '가라가 아닌' 어떤 것이라는 부정형으로 밖에는 말할 수 없게 된다. 때문에 이후 한국적인 것에 대한 거부심리가 더욱 강화되었고 그 변주곡이 계속 이어져 왔다. 예컨대 근대에 들어 탈아입구脫亞入歐를 주창하면서도 야마토와 가라韓라는 자타를 준별하고 타자부정을 통해 자신의 영역을 확정하는 '야마토다마시이大和魂'에 입각한 일본적 사유의 흐름을 보여주었다.[52]

▪모토오리 노부나가本居宣長의 초상화

이처럼 '야마토'의 창출 과정에서 한의 흔적은 지워져 갔고, 홍익문화도 사라져갔다. 대신에 아마테라

상반·상척에서 상화·상생·상복으로", 『공공철학』, 17, 2012, 5:2-4쪽). '한' 말소의 역사에도 불구하고 아직도 일본 곳곳에는 지명이나 고유명사를 비롯하여 특히 신사와 사찰문화 등에 '한'의 흔적이 많이 남아 있다.

52) 야규 마코토, "지금의 일본에서 한철학과의 대화가 요구되고 있다", 김태창, 『(일본에서 일본인들에게 들려준 한삶과 한마음과 한얼의) 공공철학 이야기』, 정지욱 옮김, 모시는사람들, 2012, 523-27쪽.

스의 황손인 천황의 일본통치가 천지天地(=天壤)와 함께 무궁無窮, 영원하다는 아마테라스의 '천양무궁의 신칙神勅'은 국가 출발[肇國]의 정신이 되었고, 국시國是가 되었다.[53]

"葦原(아시하라)의 千五百秋의 瑞穗(미쓰호)의 나라는 나의 자손이 왕이 되어 다스릴 땅이다. 너 황손이여, 가서 다스려라. 나아가라. 寶祚의 융성함이, 마땅히 天壤과 더불어 無窮하리라."

이러한 아마테라스의 천양무궁의 신칙을 만들어 넣음으로써 이후 군국주의의 기본이 만들어졌다. 이와 함께 널리 사람을 이롭게 하라는 홍익문화는 뿌리 채 뽑혀나갈 수밖에 없었다.

더욱이 새로운 해석을 통해 신무천황의 '팔굉일우'의 이념도 일본을 중심으로 하여 전 세계를 통일한다는 의미로 왜곡되고 있었다. 이후 근대에 등장한 교정일치의 사회였던 메이지 국가에서는 팔굉일우라는 국가 목표가 세계평화의 실현이라는 의미로 이해되고 있었다.

그러나 당시 팔굉일우는 일본 권력이 세계를 석권한다는 의미라기 보다는 한 집안(家)로서의 세계질서 건설이라는 의미가 강했다. 또 천어중주신天御中主神은 일본의 신만이 아닌 우주전

---

53) "葦原千五百秋之瑞穗國。是吾子孫可王之地也。宜爾皇孫就而治焉。行矣。寶祚之隆當與天壤無窮者矣。"(『일본서기』)

체의 신이라고 주장하고 있었다. '천어중주신, 이 신은 우주의 가장 처음 나타난 신이다. 결국 주재主宰라는 의미로 천어중天御中이라 하기 때문에, 일본만의 신이 아닌 것은 물론이다. 결국 우주를 경영하고 이를 주재하는 신이라는 의미이다.' 일본의 해외확장과 침략을 정당화하는 논리로 바뀌어갔던 것이다.

설상가상으로 무스비의 사상은 '수리고성修理固成'의 원리와 연결되어 갔다. 수리고성은 일본신화에서, 여러 천신들이 이자나기와 이자나미의 두 신에게 명하여, "이처럼 떠있는 국토를 고정시켜 단단하게 만들라" 하고 아메노누보코라는 창을 내려주며 모든 것을 위임한데서 나온 말이다."[54] 아메노누보코라는 창으로 견고한 국토를 만든다는 국토생성의 장대한 의미를 함축하고 있다.

이자나기와 이자나미는 이 창으로 천부교天浮橋에서 고정되지 않은 대지를 휘저어 '국토생성'을 하였

1942년 5월 11일 '국민총력조선연맹'이 신사로부터 행진하는 모습

---

54) "於是天神諸命以。詔伊邪那岐命伊邪 那美命二柱神。修理固成是多陀用幣 流之国。賜天沼矛而。言依賜也。"(『고사기』)

다. 이 '고정되지 않은 대지'는 '현실세계'를 뜻하고, '세계'는 '일본열도 및 그 주변'에 한정되지 않고 '전 세계'로 확대되어 해석되면서 세계경영의 논리로 발전되었다. 이런 상황에서 홍익문화는 더 이상 자리를 차지할 수 없게 되었다.

드디어 일본에 의한 세계통일이라는 망상으로 왜곡 재생산된 팔굉일우 사상은 소화천황이 1937년 11월 일독이방공협정日獨伊防共協定을 체결하면서 '대의를 팔굉에 둔다'는 선언으로 구체화되었다. 이 선언으로 아마테라스의 신칙은 신무천황에서 소화천황까지 이어지는 것으로 보았고, 신화의 세계가 현실에 모습을 드러내면서, 세계를 침략하려는 사상으로까지 연결되고 있었다.

1940년 7월 26일, 제2차 근위내각은 '기본국책요강基本國策要綱'을 발표하였다. 여기에는 다음과 같은 국가 출발(肇國)의 정신과 팔굉일우의 왜곡된 내용이 들어있다.

"황국의 국시國是는 팔굉을 일우로 하는 조국肇國의 대정신에 기초하여, 세계평화의 확립을 초래하는 것을 근본으로 하고, 먼저 황국을 핵심으로 하여 일만지日滿支의 강고한 결합을 근간으로 하는 대동아의 신질서를 건설하기에 이르렀다."[55]

55) 『國史大辭典 11』, 吉川弘文館, 1990, 618쪽.

일본 제국주의에 의한 현상타파와 세계 신질서 건설 이데올로기를 『기기』에서 찾은 것이다. 이를 국민의 정신적 지주로 삼으려던 경향이 강해졌던 때가 1930, 40년대였다. 그 결과 위에서처럼 '팔굉일우' 사상을 국가이념의 중심으로 결정하고 팔굉일우가 세계평화의 실현이라고 주장하게 되었다.

『기기』의 기술에서 침략정당화 이데올로기를 창출한 일본은, 그것을 국책國策으로 하고 그 이념을 충실히 수행하는 것을 내외에 선언하였다. 소위 대동아공영권의 제창도 '팔굉일우'의 아시아적 표현이었다. 팔굉일우 사상이 확대 해석되면서 왜곡 재생산된 것이다.[56]

팔굉일우 사상의 근거가 된 "兼六合以開都, 掩八紘而爲宇, 不亦可乎"에서 '육합'을 어떻게 해석할까의 문제가 제기되었다.[57] '육합'은 종래 '구니노우찌(クニノウチ)'로 읽었다. '구니노우찌'라면 이는 '일본국日本國의 중中'을 의미하고, 이 경우 '팔굉'이라는 말도 '일본국의 중中의 천하 모두'라 하는 해석이 가능하며, '팔굉'의 영토적 범위가 일본에 한정되는 것이 된다. 곧 이 경우 팔굉일우는 대외침략 보다는 일본국내의 통일만을 의미한다.

그러나 1940년대에 들어서면서 '육합'을 '아메쯔찌노우찌

---

56) 保坂祐二, "八紘一宇思想に対する一考察", 『日語日文學硏究』37-1, 2000, 397-402쪽.

57) 宮地直一 他, 268쪽.

Ⅲ. 일본의 고대문화와 홍익문화 237

(アメツチノウチ)' 또는 '아메쯔찌'라 읽게 되었다. 이는 곧 '천지내天地內의 모두'를 의미하고, 팔굉일우는 확대해석되어 '전 세계를 일가로 하는' 침략 이데올로기로 발전하여 나갔다.

당시는 이처럼 『기기』의 해석을 교묘하게 하면서 아시아와 세계침략의 정당화 논리를 만들어 나갔다. 홍익문화와 연결된 팔굉일우 사상도 일본에 의한 전 세계의 지도指導라는 명목으로 완성되었다. 태평양 전쟁이 격화되면서 이러한 왜곡 재생산은 더욱 격화되었고 국민통합의 목적으로 황국이데올로기의 정비에도 박차를 가하였다. 신무천황의 동정東征 설화는 아마테라스의 명을 좇아 이루어진 것으로, 천조대신—신무천황—소화천황을 계속 잇는 정통성을 강화하는 방향으로 그려졌고, 신무천황의 팔굉일우 사상은 세계 경륜사상으로 재생산되었다.

규슈의 미야자키 현에 세워진 '팔굉일우 탑'. 이 탑은 일본이 침략한 아시아 각국에서 가져온 초석을 바닥에 깔고 있으며, '조선경상북도'에서 온 돌도 보인다.

4. 홍익인간의 문화

홍익인간은 사람과 사람 '사이'를 이롭게 한다는 뜻이고, '이롭게 하라'는 것은 풍요로운 생활만을 뜻하지는 않는다. '홍익하는 인간'은 천지의 뜻과 대 이상을 마음에 새기어 이를 펼치고 생활화하는 참 사람을 말한다. 홍익문화는 인간세상을 이롭게 하는 홍익인간의 문화이다. 고대 일본 신화에서도 홍익문화의 흔적을 찾아볼 수 있다.

일본역사의 초대 신무神武 천황이 최초로 제사지냈던 신은 지금처럼 아마테라스가 아니었다. 타카미무스비 신이었던 것이다. 신무 천황은 야마토에 도읍을 세우면서 "천신 곧 한반도에서 건너온 타카미무스비 신의 신위를 빌어 일본열도를 평정하고, 진실로 백성에게 이로움이 있다면, 어찌 대인이 행하는 일에 거리낌이 있겠는가. 일본열도를 하나로 통일하여 팔굉(천하)을 일우-宇로 하겠다"는 뜻을 품고 있었다. 이러한 신무 천황의 '팔굉일우'의 이념은 야마토 왜의 출발(肇國)의 정신이 되었고, 일본의 역사를 이끄는 근본적인 힘이 되었다.

역사 속에서 이러한 홍익문화가 전개된 대표적 사례는 성덕태자의 화和에서 찾아볼 수 있다. "화를 귀하게 여기라"는 당시 복잡한 주변 상황에서 국가통합적 이념으로 소중한 가치를 지녔다. '야마토大和'는 '위대한 화'를 의미했고 일본민족의 심층심리에서 작동하는 심적 에너지가 되었다.

그러나 한반도에서 백제와 고구려가 멸망하면서 주변 정세가 급변하는 가운데 야마토 왜의 정체성은 흔들렸다. 이때 정권을 잡은 천무 천황은 '새로운 천황' 중심의 '새로운 역사'를 만들기 시작했다. 일본인은 자기정립을 위해 역사적, 조직적으로 '가라韓'의 흔적지우기를 행하면서 홍익문화도 사라졌다.

국가 최고신을 타카미무스비 신에서 아마테라스 신으로 바꾸면서, 아마테라스 신의 황손인 천황의 통치가 천지天地와 함께 영원하다는 '천양무궁의 신칙神勅'이 나라 시작(肇國)의 정신이 되었고, 국시國是가 되었다. 신무천황의 '팔굉일우'의 이념도 일본을 중심으로 하여 전 세계를 통일한다는 의미로 바뀌었고 일본의 해외확장을 정당화하는 논리로 되어갔다. 제국주의 시대로 접어들면서 홍익문화의 흔적이었던 팔굉일우 사상은 왜곡 재생산되어 군국주의 침략을 정당화하는 논리로 바뀌어 갔고 국가이념의 중심으로 결정되고 있었다.

'사이'의 인간관은 안과 밖의 구별이 없다. 일본은 이러한 사이가 안과 밖으로 구분되어 버렸다. 안과 밖이 구별되어 버리면 따로 따로 공존, 공생하기는 해도 서로서로 살리는 상생에까지는 이어지지 않는다. 서로 살고 살리는 상생의 길을 여는 기본조건은 왜곡 재생산된 역사를 청산하고 진심으로 사죄하는 것이다. 이로써 널리 사람을 이롭게 하는 홍익인간의 실천 가능성이 열리게 되고 서로의 새로운 삶의 지평이 열리게 되는 것이다.

참고문헌

【원전】

- ▶『高麗史』
- ▶『古事記』
- ▶『廣韻』
- ▶『규원사화』
- ▶『三國史記』
- ▶『三國遺事』
- ▶『三國志』
- ▶『續日本紀』
- ▶『日本書紀』
- ▶『日本靈異記』
- ▶『晋書』
- ▶『太宗實錄』
- ▶『泰澄和尚伝記』
- ▶『花郎世紀』
- ▶『後漢書』

【단행본】

- ▶ 고대 민족문화연구소,『한국민속대관』3, 고대민족문화연구소, 1982.
- ▶ 김사화,『일본의 만엽집』, 민음사, 1987.
- ▶ 김일권,『우리역사의 하늘과 별자리』, 고즈윈, 2008.

▸ 김철수, 『일본의 고신도와 한민족』, 상생출판, 2011.

▸ 김철수, 『한민족과 일본고대사』, 상생출판, 2009.

▸ 노성환 역주, 『일본 고사기』 1-3권, 예전사 1987.

▸ 노성환, 『고사기』, 민속원, 2009,

▸ 모리 히로미치, 심경호 역, 『일본서기의 비밀』, 황소자리, 1999.

▸ 무라오카 츠네츠쿠, 박규태 역, 『일본신도사』, 예문서원, 1998.

▸ 문정창, 『일본상고사』, 백문당, 1970.

▸ 미르치아 엘리아데, 『종교사개론』, 이재실 역, 까치, 1994.

▸ 박경리, 『일본산고』, 마로니에북스, 2013.

▸ 박용숙, 『한국의 시원사상』, 문예출판사, 1985.

▸ 서희건, 『잃어버린 역사를 찾아서』1-3, 고려원, 1988.

▸ 신채호, 이만열 역, 『조선상고사』, 단재신채호선생기념사업회,
  2003.

▸ 안경전 역주, 『환단고기』, 상생출판, 2013

▸ 엘리아데, 이윤기 역, 『샤머니즘』, 까치, 1992.

▸ 윤광봉, 『일본 신도와 가구라』, 태학사, 2009.

▸ 이능화, 『조선무속고』, 동문선, 2002.

▸ 이능화, 『조선신사지』, 동문선, 2007.

▸ 이병도, 『한국고대사 연구』 박영사, 1976.

▸ 일조각, 『한국사 시민강좌』 1집, 일조각, 1989. "특집 : 식민주의
  사관 비판."

▸ 전용신, 『완역 일본서기』, 일지사, 2005.

▸ 정약용, 정해렴 역, 『我邦疆域考』, 현대실학사, 2001.

▸ 주강현, 『북한의 우리식 문화』, 당대, 2000.

- 주강현, 『우리문화의 수수께끼』, 한겨레신문사, 1996.
- 최광식, 『우리 고대사의 성문을 열다』, 한길사, 2004.
- 최남선, 『조선상식문답』, 동명사, 1946.
- 최남선, 정재승·이주현 역주, 『불함문화론』, 우리역사연구재단, 2008.
- 최재석, 『일본 고대사의 진실』, 일지사, 1998.
- 하용득, 『韓國의 傳統色과 色彩心理』, 명지, 2001.
- 홍윤기, 『일본 문화백과』, 서문당, 2000.
- 홍윤기, 『일본문화사』, 서문당, 1999.
- 金達壽, 『日本の中の朝鮮文化』 1-12卷, 講談社, 1984.
- 崔南善, 『朝鮮と神道』, 中央朝鮮協會, 1934.
- 丸山茂, 『神社建築史論 : 古代王權と祭祀』, 中央公論美術出版, 2001.
- 岡谷公二, 『原始の神社をもとめて 日本·琉球·濟州島』, 平凡社, 2009.
- 關裕二, 『壬申の亂の謎』, PHP文庫, 2007.
- 溝口睦子, 『アマテラスの誕生 古代王權の源流を探る』, 岩波新書, 2009.
- 菊池山哉, 『白の民俗學 白山信仰の謎を追って』, 河出書房新社, 2006.
- 金澤庄三郎, 『日鮮同祖論』, 汎東洋社, 1943.
- 大野 晋, 『日本語の世界 1』, 中央公論社, 1980.
- 武澤秀一, 『伊勢神宮の謎を解く-アマテラスと天皇の'發明'』, ちくま新書, 2011.

▸ 水谷慶一, 『知られざる古代―謎の北緯34度32分をゆく』, 日本放送出版協会, 1980.

▸ 水野 祐, 『日本古代國家の形成』, 講談社, 1978.

▸ 柳田國男, 『日本の祭』, 弘文堂, 1942.

▸ 前田憲二 外, 『渡來の原鄕 白山·巫女·秦氏の謎を追って』, 現代書館, 2010.

▸ 井上光貞, 『日本國家の起源』, 岩波新書, 1967.

▸ 八木莊司, 『古代からの伝言 壬申の乱』, 角川文庫, 2007.

▸ 高瀬重雄, 『白山立山と北陸修驗道』, 名著出版, 1977.

▸ 廣瀬誠, 『立山と白山』, 北國出版社, 1971.

▸ 菊池山哉, 『白の民俗學 白山信仰の謎を追って』, 河出書房新社, 2006.

▸ 大和岩雄, 『日本にあった朝鮮王國』, 白水社, 1996.

▸ 本鄕眞紹, 『白山信仰の源流』, 法藏館, 2001.

▸ 水谷慶一, 『知られざる古代―謎の北緯34度32分をゆく』, 日本放送出版協会, 1980.

▸ 前田憲二 外, 『渡來の原鄕 白山·巫女·秦氏の謎を追って』, 現代書館, 2010.

▸ 重松明久, 『古代国家と道教』, 吉川弘文館, 1985.

▸ 中野幡能, 『英彦山と九州の修驗道』(山岳宗教史研究叢書), 名著出版, 1977.

▸ 坂本太郎, 家永三郎, 井上光貞, 大野晉 校主, 『日本古典文學大系 日本書紀』, 岩波書店, 上 1967; 下 1965.

▸ 下出積與, 『白山信仰』, 雄山閣, 1986.

桜井徳太郎, 『民間信仰辭典』, 東京堂出版, 1980.

長野覺·朴成壽, 『韓國檀君神話と英彥山開山傳承の謎』, 福岡:海鳥社, 1996.

Kandinsky, W., 권영필 역, 『예술에 있어서 정신적인 것에 대하여』 (Über das Geistige in der Kunst, Benteli Verlag, Bern, 1973), 열화당, 1997.

Biren, Faber, 김화중 역, 『색채심리』, 동국출판사, 2014.

【학술지 및 학위논문】

권천문, "한민족의 사상과 아브라함의 종교," 한민족 정신지도자 연합회 '국혼부활 한민족 천손문화 주제강연회' 2011. 1. 17.

김두진, "마한사회의 구조와 성격," 『마한 백제문화』 제 12집, 1988.

김두진, "삼한 별읍사회의 소도신앙," 『한국고대의 국가와 사회』, 일조각, 1985.

김상일, "불함문화론 재고-여성신학적 입장에서", 『현대와 신학』 12권, 1989.

김정배, "소도의 정치사적 의의", 『역사학보』 79, 1978.

김태곤, "소도의 종교민속학적 조명," 『마한,백제문화』 12, 1988.

김현욱, "하쿠 산 신앙(白山信仰)과 노(能)의 발생", 『일본문화학보』 49집, 2008.

김후련, "日本古代における伊勢信仰の成立と王權との關係," 『일본연구』 22호, 2004.

소재영, "일본신화의 한래인", 『한국설화문학연구』, 숭실대출판부, 1984.

▸ 손대준, "천일창에 관한 연구",『원광대 논문집』17, 1983.

▸ 손진태, "소도고",『조선민족문화의 연구』, 을유문화사, 1948.

▸ 송용덕, "고려-조선전기의 백두산 인식",『역사와 현실』64, 2007.

▸ 송화섭, "삼국지 위지동이전의 소도와 부도",『역사민속학』4, 1994.

▸ 신복룡, "한국사에 있어서의 식민지사관의 오염",『건대문화』, 1981.

▸ 안현정, "한국미술에 나타난 전통색채 연구", 홍익대학교 대학원 석사학위 논문, 2004.

▸ 우정미, "일본의 명산과 여신-하쿠산을 중심으로-",『일본근대학 연구』41집, 2007.

▸ 이강식, "『화랑세기』를 중심으로 본 신라 천신교와 신선합일 조직사상에서 형성한 화랑도조직의 창설과정",『경주문화논총』4 집, 2001.

▸ 이강식, "선도신모가 화랑도조직의 기원이라는 변증",『신라학연 구소 논문집』2호, 위덕대 신라학연구소, 1998.

▸ 이병남, "日韓シャマニズムの比較研究", 同志社大學 博士論文, 1997.

▸ 이병도, "삼한문제의 신고찰,"『진단학보』1-8, 1934.

▸ 임동권, "對馬島에 傳播된 韓文化 : 天道信仰을 中心으로",『韓國 民俗學』, Vol.21 No.1, 1988

▸ 임동권, "天日槍,"『比較民俗研究』14, 筑波大學, 1996.

▸ 장기웅, "단군정승의 비교신화학적 연구", 조선대 대학원 박사논문, 2002.

▸ 전성곤, "최남선의 「불함문화론」 다시 읽기", 『역사문제연구』 17집, 2006.

▸ 조법종, "한국 고중세 백두산신앙과 만주명칭의 기원", 『한국사연구』 147, 2009.

▸ 주강현, "감로탱화의 솟대쟁이패," 『북한의 우리식 문화』, 당대, 2000.

▸ 최광식, "新羅 上代 王京의 祭場," 『신라문화제학술발표논문집』, Vol.16 No.1, 1995.

▸ 최남선, 「不咸文化論」, 『崔南善全集』 2, 현암사, 1973.

▸ 최남선, 「朝鮮과 世界의 共通語」, 『崔南善全集』 9, 현암사, 1973.

▸ 최원재, "天之日矛傳承의 고찰", 『일본어문학』 24, 일본어문학회, 2004.

▸ 최재석, "日本古代天皇原籍考", 『한국학보』 51, 1988.

▸ 최재석, "화랑의 사회사적 의의", 『화랑문화의 재조명』, 서경문화사, 1991.

▸ 최홍규, "식민주의 사관과 극복문제," 『중앙대연구논집』 3집, 1984.

▸ 홍윤기, "백제왕족 후지와라가문의 사랑 '가스카대사'", 세계일보, 2008.5.14.

▸ 홍윤기, "일본 개국신화의 모태인 단군신화, 가야신화 고찰", 국제뇌교육종합대학원 한일천손문화연구소 학술대회, 2010. 10. 4.

▸ 萬遜樹, "天神祭の構造---鉾流しと船渡御とウルトラマンと",

1999. (http://www.relnet.co.jp/relnet/brief/index-6.htm)

▹ 文部科学省 宗教統計調査, ‘全国社寺教会等宗教団体·教師·信者数’

▹ 久米邦武, “神道は祭天の古俗”, 『史學會雜誌』 10-12月, 1891.

▹ 村上正雄, “魏志韓傳に見える蘇塗の一解釋”, 『조선학보』 9, 1956.

▹ 保坂祐二, “八紘一宇思想に対する一考察”, 『日語日文學研究』 37-1, 2000.

▹ 本鄕眞紹, “백산사상과 단군과 泰澄-산악신앙의 원류 고찰”, 국학원 한·몽·일 국제학술회의, 2012. 8. 9.

▹ 金兩基, “白い神と黒い神の道一翁源流考”, 前田憲二 外, 『渡來の原鄕 白山·巫女·秦氏の謎を追って』, 現代書館, 2010.

▹ 山岸共, “白山信仰と加賀馬場”, 『白山·立山と北陸修験道』(山岳宗教史研究叢書 10), 名著出版, 1977.

▹ 水谷慶一, “白頭山と白山信仰について”, 『東アジアの古代文化』 48-49호, 1986.

▹ 柳宗悅, “朝鮮の美術”, 『新潮』, 1922. 1月號.

▹ 伊藤雅紀, “白山信仰史研究の現狀と今後の課題”, 『神道史研究』 50-3, 2002.

▹ 中野幡能, “檀君神話と英彦山”, 長野覺·朴性洙 編, 『韓國檀君神話と英彦山開山傳承の謎』, 福岡:海鳥社, 1996.

▹ 中野幡能, “英彦山の歷史”, 『英彦山と九州の修験道』, 名著出版, 2000.

▹ 申野富一, “白山·能登の觀音信仰”, 『甲南女子大學研究紀要』 44, 2008.

찾아보기